SOUVENIRS

DE LA MARQUISE

DE CRÉQUY

ÉMILE COLIN ET Cie — IMPRIMERIE DE LAGNY

Le Maréchal de Richelieu

SOUVENIRS

DE LA MARQUISE

DE CRÉQUY

DE 1710 A 1803

NOUVELLE ÉDITION REVUE, CORRIGÉE ET AUGMENTÉE

TOME QUATRIÈME

PARIS
GARNIER FRÈRES, LIBRAIRES ÉDITEURS
6, RUE DES SAINTS-PÈRES

SOUVENIRS

DE LA MARQUISE

DE CRÉQUY.

CHAPITRE PREMIER.

M. de Morfontaine et la rosière de Saint-Médard. — Le financier du Clusel. — La Duchesse de Mazarin. — Son portrait. — Une fête champêtre. — Une cascade au petit-lait. — Invasion de bestiaux dans une salle de bal. — Admonition d'un intendant à une vache. — La Reine Marie-Joséphine, alors Comtesse de Provence. — Gaieté de cette princesse en voyant cette scène. — La Comtesse de Créquy. — La famille Lejeune de la Furjonnière. — M. Chérin. — Détails sur les preuves de noblesse. — Procès généalogique. — La Marquise de Lhospital. — L'avocat, aujourd'hui Comte Siméon. — Procès des Mailly de Nesle contre les Mailly d'Haucourt. — La principauté d'Orange. — Fausse prétention des comtes de Nassau sur ce domaine. — Vers inédits de Boileau. — Procès pour une Ancolie, etc.

M. Le Pelletier de Morfontaine, intendant de Soissons, m'écrivit un jour pour m'avertir que le couronnement de la Rosière de Salency (où je lui avais promis d'aller présider) allait être retardé de quinze jours à trois semaines parce que la Rosière avait été saisie de la fièvre-tierce. Il me demandait si je ne voudrais pas lui faire envoyer du quinquina de la meilleure qualité.

Comme je ne savais ce que c'était que ce couronnement de la Rosière, et que je n'avais rien promis à M. de Morfontaine, je fis porter cette lettre à ma belle-fille, qui n'avait jamais rien dit ni rien écrit à aucun intendant de Soissons, et qui n'avait jamais ouï parler, non plus que moi, de la Rosière de Salency. Ce magistrat passait pour un personnage extraordinaire; mon fils ne douta pas que sa mémoire ou sa judiciaire ne fussent tout à fait détraquées, et c'était ce qu'on avait déjà ouï dire assez souvent. Quoi qu'il en fût, et comme l'adresse de sa lettre portait le titre de *Comtesse* au lieu du nôtre, j'imaginai que ceci pouvait résulter de quelque méprise de secrétariat, et je demandai que personne ne répondît à M. l'intendant de la généralité de Soissons, avec qui je me réservai de nous en expliquer honnêtement (1).

(1) Louis Le Pelletier de Morfontaine, Chevalier, Seigneur du marquisat de Prailly et maître des requêtes de l'hôtel du Roi. Il a épousé la fille de M. Bernard du Clusel, sieur de la Chabrerie, l'un des fermiers généraux de S. M. C'est assurément la plus belle dame avec les plus grands airs du monde. Elle n'oserait descendre un escalier sans être assistée, crainte de tomber, par deux laquais *en grande livrée*. — Mais voyez donc ce que peuvent y faire des habits à galons chevronnés, disait Mme de Rosambo, sa belle-sœur (Anne de Coskaër, fille de qualité de Basse-Bretagne). — Elle est dans le genre de M. son

Voilà Mme la Duchesse de Mazarin qui s'en mêle et qui me demande un jour comment il se fait que je ne veuille pas répondre aux lettres de son bon ami. Je lui dis je ne sais pas quoi, mais pas grand'-chose, et voici Mme de Coislin qui se jette à la traverse en proférant des malédictions contre ce Morfontaine, qu'elle accusait de lui avoir fait perdre un procès. Ensuite elle en raconta des choses incroyablement ridicules, et cette grosse Mazarin se mit à pleurer, ce qui fut plus ridicule encore. De la part d'un homme, la plus forte preuve d'aversion, c'est le mépris; de la part d'une femme, c'est le dénigrement. Damis dira de Cléon qu'il est un escroc, un poltron; Armande en dira bien pis, suivant elle, c'est qu'il se teint les sourcils ou qu'il porte des bas pluchés. Puisque je vous parle aujourd'hui de Mme de Mazarin, je vous dirai comment et pourquoi c'était la plus étrange personne de France.

Louise de Durfort, Duchesse héritière de Mazarin, de Réthellois, de Mayenne et de la Meilleraye, Princesse de Porcéan, Marquise de Chilly, Palatine de Brie (la française) — vous voyez que c'était une assez grande dame — était régulièrement belle et parfaitement bonne, opulente, obligeante et magnifiquement généreuse; mais tout ceci n'empêchait pas qu'elle ne fût complétement ridicule. A certaine distance, on avait de la peine à s'en expliquer le pourquoi, mais, en y voyant de plus proche, on

---

père, qui menaçait un jour un ivrogne, à Morfontaine, en lui disant : — Coquin ! je te donnerai cent coups de ma canne d. pomme d'or ! *(Note de l'Auteur.)*

trouvait que c'était à cause de la légèreté de sa conduite coquette ou galante (je n'ai pas besoin de vous dire lequel des deux); tant il est vrai que la galanterie ne sied pas également bien à tout le monde et que l'amour enlaidit ceux qu'il n'embellit pas. Cette pauvre femme ne pouvait jamais rien faire et ne pouvait presque rien dire sans que tout le monde se moquât d'elle; et quand ses parens ou ses amis (car elle en avait) entreprenaient de la guider pour une affaire de famille ou dans une occasion d'apparat, il y survenait toujours des accidens si dérisoires et tellement à part de sa bonne volonté, que c'était comme l'effet d'un sortilége qu'on aurait jeté sur elle. La vieille Duchesse de Lorges était sa marraine, et MONSIEUR ne l'appelait à cause de cela que la Fée Guignon (1).

Si Mme de Mazarin voulait donner un grand concert avec un beau souper, savez-vous ce qu'il arrivait? C'est que le chef d'orchestre se cassait la jambe et que le feu prenait à la cuisine. Quand elle donnait une soirée de proverbes au Roi de Danemarck, par exemple, on y voyait Arlequin qui faisait mille grimaces et disait mille sottises pour éviter de se faire ôter une dent, et ceci se trouvait tout justement la représentation de ce que le Roi de

---

(1) Le mari de Mme de Mazarin était Louis-Marie d'Aumont, Marquis de Villequier, qui prit le titre de Duc de Mazarin du chef de sa femme. Ils n'ont eu pour unique héritière que la Duchesse de Valentinois d'aujourd'hui. La mère était un modèle de sagesse et de vertus en comparaison de la fille.

(*Note de l'Auteur.*)

Danemarck avait fait dans la matinée, ce qui mettait toute la suite de S. M. Danoise, et surtout le Duc de Duras, frère de Mme de Mazarin, dans un embarras mortel.

On n'oubliera jamais une certaine fête qu'elle avait donnée pour MADAME, Comtesse de Provence, et Mme la Comtesse d'Artois, à l'occasion du mariage de ces deux Princesses. C'était une fête champêtre, et c'était dans son hôtel à Paris. Elle avait eu l'excellente idée d'y faire venir une quarantaine de danseuses de l'Opéra qu'elle avait fait ajuster en bergères et qui devaient danser derrière une immense glace dont on avait enlevé l'étain, et qu'on avait fait descendre jusqu'au niveau du parquet de la galerie pour qu'il n'en fût rien perdu. La grande salle où devaient figurer lesdites bergères était bien peinte en perspective d'un joli paysage et tout ombragée par de hauts citronniers et de grands orangers, dont on avait enfoncé les caisses au-dessous du parquet, lequel était couvert de mousse, avec de petits sentiers garnis de fleurs. En outre, Servandoni avait imaginé d'y mettre une cascade, et l'eau qu'on y voyait couler était mêlée de lait de beurre (précaution, nous disait-il, indispensable quand on veut faire jouer des eaux à la clarté des bougies, attendu qu'on n'en verrait presque rien sans cela). Toujours est-il que Servandoni n'a jamais fait décoration plus naturelle et plus charmante, et toujours est-il que les préparatifs de cette fête avaient coûté 80,000 francs.

Mme de Mazarin, qui voulait ménager une agréable surprise à leurs Altesses Royales, avait fait arriver de sa terre de Chilly, qui n'est qu'à sept ou huit lieues du quai Malaquais, un troupeau de moutons avec un chien de berger, et, qui plus est, une génisse qui passait dans son pays pour être la douceur même. Il avait été convenu qu'on ferait défiler tranquillement tout ce bétail, en bon ordre et derrière la glace, avant de commencer les danses pastorales, et c'était pour animer le paysage de Servandoni en lui donnant un air de rusticité plus ingénu.... Mais au lieu de rester à la place qu'on lui avait assignée, c'est-à-dire à la queue des derniers moutons, comme étant la plus curieuse et la plus belle pièce de la bucolique, voilà cette génisse qui perd la tête comme une grosse sotte, qui se met à bousculer les brebis avec leurs agneaux, et qui s'en vient donner à front cornu dans cette glace sans tain, qu'elle fait sauter en mille éclats. Les moutons la suivent et se précipitent par la même brèche; le chien s'en mêle et se met à les pourchasser dans toute la longueur et dans tous les coins de cette galerie dorée, et jusque sous nos belles robes, où les moutons venaient s'engouffrer, tandis que le chien s'introduisait brutalement entre nous et les moutons pour les rassembler et les réunir en bercail. Il aboyait comme un diable, et la génisse allait toujours galopant d'un bout à l'autre de la galerie, en renversant ou bouleversant tout ce qui se trouvait à sa portée. Toutes les femmes étaient grimpées sur les banquettes, à l'exception de Mme de la Vallière et moi, qui restâmes courageusement à nos places, et qui n'eûmes pas à nous en repentir, car cette effarée ne nous approcha pas. Je me souviens que MADAME et sa sœur en riaient à se trouver mal, tandis que leur cousine de Lamballe s'était fait asseoir sur une cheminée, où elle faisait des cris comme un paon juché sur un mur. Ce qui nous divertissait le plus, mon fils et moi, c'était d'abord l'idée de cette belle recherche et cette exquise délicatesse de Mme de Mazarin, qui n'avait pas voulu que des danseuses fussent admises à figurer chez elle devant les jeunes princesses ni qu'elles s'y trouvassent au plain-pied sur le même sol que nous, à moins d'en être séparées par une glace sans tain, tandis que, pour éviter un pareil inconvénient, c'était avec des bestiaux et un chien de basse-cour que nous nous trouvions en privauté si familière. Mais ce qui nous faisait le plus rire, c'étaient les singulières injures et les étranges reproches que M. de Morfontaine adressait à cette jeune vache, qu'il allait apostropher en disant qu'elle était une effrontée, une insolente, une hypocrite, et qu'au lieu de la reconduire à Chilly, comme elle s'en flattait sans aucun doute, on allait l'envoyer, pieds et poings liés, à la boucherie banale de Mme la Duchesse, à Brie-Comte-Robert!

Il fallut abandonner la place à toutes ces bêtes éblouies et ahuries, et l'on s'en alla souper tant bien que mal. Il se trouva que les rôtis de la deuxième table avaient été renversés sur l'escalier, de sorte que votre père fut obligé de souper avec des ragoûts.

Quelques jours après la réception de cette lettre où l'intendant de Soissons me parlait d'aller couronner sa Rosière, j'en reçus une autre de la C^sse de Soucy, sous-gouvernante des Enfans de France, qui me proposait d'aller présenter à Versailles Mme sa fille, la Comtesse de Créquy, laquelle ne voulait s'adresser à ma belle-fille que sur mon refus, en cas d'empêchement.

Je fis répondre à Mme de Soucy que j'étais malade, et que je n'avais jamais connu d'autre Comtesse de Créquy que Mme de Créquy-Canaples, laquelle avait été présentée avant son mariage et mariée dans le cabinet du Roi, par la raison qu'elle était née Princesse de Rohan; je lui fis dire que votre père et ses deux enfans étaient les dernières et les seules personnes de leur maison; que mon fils était parti pour Angers, où le régiment de son nom tenait quartier, mais que j'allais lui faire parvenir cette lettre; enfin j'eus soin d'ajouter que ma belle-fille était trop bien informée pour oser présenter personne à Versailles avant d'en avoir obtenu l'autorisation de son mari.

Il faut vous dire que le mari de cette prétendue Comtesse de Créquy était un gentilhomme angevin dont le nom de famille était Lejeune de la Furjonnière, et que mon fils en avait déjà ouï parler sourdement en arrivant à Angers; je crois même qu'il avait déjà fait gratter avec un couteau, par un de ses gens, les armes de Créquy que ses valets avaient aperçues sur une chaise de poste dans la boutique ou sous la remise d'un carrossier. Je ne me rappelle pas trop bien si c'était dans cette capitale ou dans une autre ville de l'Anjou; mais toujours est-il que votre père avait ordonné cette belle exécution-là dans cette même province, et qu'il avait fait assister son homme armé du grattoir par un piquet de cavalerie. Mon fils avait d'abord eu dans la pensée que cette usurpation vaniteuse pourrait être provenue du Chevalier de Créquy fils naturel du Comte de

Canaples, et dont les armes devaient être formées d'un créquier diffamé, c'est-à-dire écimé pour brisure et en signe de bâtardise; mais le Chevalier était dans les Antilles, à la tête du régiment de Ponthieu, dont il était colonel, et mon fils revint le plus tôt possible à Paris pour y faire poursuivre ce M. Lejeune en usurpation de nom, de titre et d'armoiries.

Je fis prier Chérin de passer chez moi pour avoir une idée préliminaire de cette famille. — Hélas! dit-il, ce sont des gens de bonne condition et de très bonne foi. Il paraît que c'est un de leurs grands-oncles, un vieux Chevalier de Malte, qui leur avait mis dans la tête qu'ils devaient être sortis originairement de la maison de Créquy parce que leurs armes sont un créquier. Ils en doutaient si peu qu'ils m'ont apporté leurs titres de famille afin d'en dresser leurs preuves, et pour obtenir mon certificat comportant leur droit aux honneurs de la cour; mais ils ne sauraient être dans le cas de la présentation, parce que leur noblesse ne remonte qu'à l'année 1499; il leur manque tout juste cent ans pour être admis dans les carrosses du Roi. Ces innocens provinciaux sont venus se présenter à la gueule du loup, car vous pensez bien que je me laisserais plutôt couper le poignet que de leur signer un certificat et de laisser procéder à leur présentation. S'ils se doutaient de ce que j'ai vu dans leurs papiers... — Mais qu'est-ce à dire, Chérin? — Madame, je ne vous en dirai pas davantage, étant lié par le devoir de mon office et retenu par la foi du serment; mais Monsieur le Marquis de Créquy peut être assuré qu'

1.

ces gentilshommes d'Anjou ne sont aucunement de sa maison. Je leur ai conseillé de ne pas s'opiniâtrer dans une prétention que je trouve absurde. Si la chose arrive en justice et qu'elle aboutisse à l'audience, ils auront à s'en repentir ; et voilà tout ce que j'en puis dire aujourd'hui.

Je supposai que Chérin avait découvert quelque trace de réhabilitation, ou peut-être même un acte d'anoblissement pour cette famille, ce qui la rejetterait à tout jamais à l'écart et à cent lieues de ce qu'on appelle gens de bonne maison ; car vous savez bien que la première et principale condition de toute véritable noblesse est de n'avoir aucune origine connue (ceci pour être censé remonter jusqu'aux temps héroïques du moyen âge et ce qu'il est convenu d'appeler la nuit des temps). Ce principe de noblesse indépendante est resté si bien imprimé dans les vieilles idées et les habitudes françaises que l'essentiel est toujours ici, pour une famille noble, de ne pas se trouver classée parmi les anoblies. C'est une position qu'on n'accepte jamais sans quelque violence ; aussi poursuit-on presque toujours des lettres de *réhabilitation* quand on a commencé par solliciter et fini par obtenir des lettres *d'anoblissement*. J'ai su que la famille des anciens Séguier, qui n'existe plus, avait détruit le premier acte de ses privilèges, aimant mieux perdre un demi-siècle d'antiquité plutôt que d'avouer qu'elle devait sa noblesse à autre chose qu'à la grâce de Dieu. La vérité pure est que les anciens Séguier descendaient d'un valet de chapelle du Roi Louis XI. Je n'ai rien à dire de ces nouveaux Séguier, qui sont des Gascons, sinon qu'en arrivant à Paris ils ont pris les armes des autres, qui sont un mouton blanc. Ils n'osaient pas dire alors qu'ils fussent parens du Chancelier, et la fille de ce grand magistrat, Mme Charlotte Séguier, Duchesse de Bourbon Verneuil et Duchesse douairière de Sully, ne l'aurait certainement pas souffert.

Savez-vous bien que c'était une importante et imposante figure que celle de M. Chérin !! On ne saura pas dans la postérité ce que c'était à nos yeux que Messire Bernard Chérin, Écuyer, Généalogiste de la Maison du Roi, de la Cour de France et de l'Ordre du Saint-Esprit, comme aussi des grandes et petites Écuries de S. M. C'était la sévérité dans la probité, la discrétion dans la pénétration ; c'était la science et la conscience infaillibles. Préposé qu'il était à la garde de l'Œil-de-Bœuf, on aurait dit que c'était les barrières du Louvre et qu'il y veillait, inévitable et impénétrable comme la mort. Il avait le secret de plusieurs familles, qu'il ne trahissait jamais, par aucune parole, aucun geste, aucun air de physionomie. On n'a pas d'idée de tous les égards et tous les airs de tendresse que lui prodiguaient Messieurs de Coigny et de Vaudreuil; mais les Caraman n'osaient pas le saluer trop bas ni le courtiser trop visiblement, de peur de manifester trop d'inquiétude et de laisser voir un trop long bout de leur grande oreille. Enfin c'était un censeur impitoyable, un juge incorruptible, un magistrat non-seulement propre à siéger sur les fleurs de lis, ce qui n'est pas si rare et ne dirait pas assez, mais digne de s'asseoir aux pieds du crucifix, à côté des Lhospital et des

Brisson ! Comme on ne sait ce qui peut arriver au train dont on y va pour les titulatures et les présentations, il ne sera pas hors de propos de vous parler ici du droit nobiliaire établi sur nos anciennes coutumes ; et, comme il est impossible de ne pas finir par ordonner la fermeture d'un pareil volume, il est bon d'y mettre le sinet.

On n'était présenté jadis à la Cour de France que lorsqu'on avait un rang supérieur héréditaire, ou lorsqu'on avait des parens qui fussent honorés de la familiarité du Roi, soit à raison de leurs fonctions, soit par suite de la faveur ou de la bonté particulière de Sa M. ; mais lorsque la ruine de la noblesse française fut à peu près consommée, tout le monde voulut se rapprocher de la source des grâces, et les requêtes en présentation devinrent si générales, et parfois si ridicules, qu'on fut obligé de prendre un parti pour les restreindre en les régularisant.

Le moyen dont on s'avisa fut celui d'exiger des preuves de noblesse qui dateraient de l'année 1399, c'est-à-dire d'une époque antérieure à celle du premier anoblissement dont on ait mémoire et dont il existe des traces. On a toujours dit que c'était la famille de Rouault de Gamaches qui avait été anoblie en 1400 pour services rendus à la Couronne dans la charge de Grand-Argentier de France, ou ministre des finances, autrement dit. Il fut arrêté que les preuves seraient établies, comme celles des grands chapitres et autres bénéfices nobles, sur quatre titres originaux par chaque degré de filiation ; et dans les derniers temps c'était M. Chérin, généalogiste de la

Cour et des ordres du Roi, qui jugeait souverainement lesdites preuves, qu'il admettait ou rejetait avec une intégrité qui ne s'est jamais démentie et sur laquelle on n'a jamais entendu s'élever le moindre soupçon. On l'accusait au contraire d'une rigueur inflexible et d'une sévérité fort *impolitique*. Je vous demande un peu si la politique est en droit d'intervenir dans les honneurs de la Cour! Quoi qu'il en soit à l'égard de la politique, on peut être assuré que toutes les familles qui sont en possession d'un certificat dudit M. Chérin constatant qu'il a vérifié et admis leurs preuves de noblesse afin d'être présentées à Leurs Majestés, on peut être assuré que lesdites familles, au nombre de 94, sont d'une antiquité contemporaine aux premiers âges de la monarchie française, et que leur noblesse, sans origine connue, n'est pas moins ancienne et moins vénérable que celle de la race salique, c'est-à-dire la plus noble et la première famille de l'univers.

Cependant plusieurs de ces anciennes familles avaient perdu la plus grande partie de leur patrimoine; et certes on n'en sera pas surpris en observant, l'histoire à la main, que la noblesse française a fait la guerre à ses dépens pendant plus de huit siècles, le service militaire n'ayant cessé d'être onéreux et ruineux pour les gentilshommes de notre pays que lorsque le Roi Louis XIII organisa pour la première fois une armée française, d'après le nouveau système indiqué par le Cardinal de Richelieu. Plusieurs de ces familles en étaient donc réduites à quelques débris de leurs anciens domaines, dont le morcellement datait quelquefois de l'époque des croisades, c'est-à-dire qu'il datait de plusieurs siècles avant la coutume d'ériger des terres titrées; ce qui faisait que plusieurs de ces familles n'étaient restées en possession d'aucune autre qualification nobiliaire que celles de Chevalier et de Haut et Puissant Seigneur. Pour le bon air et la décoration de la cour de France, il fut trouvé convenable de permettre à tous les nobles qui pourraient fournir les preuves de 1399 de prendre et porter un titre féodal, tel que Marquis, Comte, Vicomte ou Baron, c'est-à-dire un titre quelconque, à la réserve de celui de Duc et de celui de Prince, que le Roi s'était réservé de conférer exclusivement ou d'approuver. Il en fut ainsi dans l'état militaire, et le Roi faisait toujours donner un titre à l'officier supérieur de ses armées, auquel il accordait le grade de Colonel. On s'informait quelquefois de celui qu'il désirait porter avant d'en faire signer le brevet par S. M. Mais il est à considérer que ces sortes de qualifications purement personnelles ne donnaient aucune sorte de privilége ni de supériorité sur les autres nobles, soit dans les assemblées de la noblesse ou dans celles des états provinciaux ; les parlemens ne les admettaient jamais dans les procès, parce qu'ils ne les avaient ni vérifiées ni enregistrées, et les possesseurs de domaines titrés n'en restaient pas moins, à l'égard de ces Marquis ou Comtes à brevet, dans la pleine et paisible possession du rang et de la prééminence qui leur appartenaient en vertu des lettres-patentes enregistrées dans la cour souveraine de la province où se trouvait leur terre qualifiée.

Il ne faut pas croire que nos Rois puissent avoir à volonté des duchés, des marquisats ou des terres héréditaires ; les ordonnances prescrivent indispensablement certaines conditions territoriales et féodales, inhérentes à la nature d'un domaine, difficiles à réunir et très indépendantes de la faveur ou de la volonté royale, qui n'y peuvent rien changer. Par exemple, on ne saurait asseoir un titre de duché que sur la possession d'un domaine composé d'une ville, de douze châtellenies et de vingt-huit seigneuries paroissiales, tenues en franchise, avec arrière-fiefs, et ayant droit de haute, moyenne et basse justice. Il faut aussi que le revenu de la totalité de ce grand domaine équivaille à huit mille écus du temps de la minorité de François II (au marc le franc). Il est arrivé pour Messieurs d'Arpajon que le Parlement de Toulouse a refusé l'enregistrement des lettres d'érection pour leur duché, parce qu'il y manquait une seigneurie de paroisse. Quant à l'érection d'une terre en marquisat, je vous dirai qu'on ne saurait créer un Marquis héréditaire, à moins qu'il ne soit en possession d'un domaine substitué qui réunisse deux baronnies et six châtellenies, mouvantes de la tour du Louvre et tenues du Roi à un seul hommage. Un comté doit être formé d'une baronnie et de trois châtellenies, ou bien de six châtellenies d'une seule tenue. Les conditions pour établir un vicomté varient suivant les provinces ; mais il est assez connu que toute châtellenie doit avoir le droit de haute justice avec domination sur un ou deux arrière-fiefs. Il n'existe pas en France une seule baronnie qui ne soit composée de trois châtellenies incorporées ensemble, et, pour en ériger suivant l'ordonnance, il est indispensable encore aujourd'hui qu'il s'y trouve au moins trois clochers, autrement dit seigneuries paroissiales, et qu'elles soient aussi d'une seule tenue. Ceci n'est pas toujours praticable, à moins de s'y prendre long-temps à l'avance, et quelquefois cinq ou six générations durant. Il en est ainsi pour l'érection d'une simple seigneurie de paroisse en châtellenie; il faut d'abord qu'elle domine au moins deux autres seigneuries vassales; ensuite il faut qu'elle soit pourvue de la haute justice avec certains droits utiles, honorifiques et de prééminence; enfin, il est indispensablement nécessaire d'y réunir les deux clochers les plus voisins, ce qu'il est souvent impossible d'obtenir à prix d'argent. Vous voyez donc bien que pour créer de véritables Marquis, ou des Comtes et des Barons français, il faut encore autre chose que la faveur et la volonté du Roi, c'est-à-dire qu'il faut du temps, de la persévérance, une grande étendue de domaine seigneurial, et par conséquent un grand patronage établi sur une grande fortune territoriale (1).

---

(1) Il faut ajouter ici que *les terres qualifiées deviennent inaliénables et substituées* en vertu de leur érection. Ainsi les acquéreurs d'une terre titrée ne deviennent jamais Marquis, Comtes ou Vicomtes de telle seigneurie érigée en titre pour une autre famille que la leur; ils sont tout simplement *Seigneurs de l'ancien Marquisat, Comté* ou *Vicomté* dont ils deviennent propriétaires, l'extinction de la race entraînant toujours celle du titre, à moins de confirmation royale et de nouvelles lettres-patentes.
(*Note de l'Auteur.*)

Il était résulté de cette dernière règle, pour la présentation, que parmi les Ducs et Pairs il se trouvait trois gentilshommes qui n'auraient pu faire les preuves de 1599. Ensuite il arrivait que des personnages en faveur obtenaient de S. M. des ordres de présentation malgré le refus et la déclaration signés par l'incorruptible Chérin. Mais celui-ci ne manquait jamais de porter sur son registre que telles et telles présentations n'avaient eu lieu que *par ordre*, et la situation nobiliaire des anciennes maisons qui pouvaient satisfaire aux preuves exigées n'en restait pas moins la même à l'égard de ces familles parvenues.

Aujourd'hui la cérémonie de la présentation pour les Seigneurs est une opération des plus simples. Le premier gentilhomme de service vous nomme au Roi, en vous donnant la qualification qui se trouve portée dans le certificat de M. Chérin. S. M. vous fait un signe de tête, et quelquefois vous dit un mot sur vos parens, lorsqu'ils ont eu l'honneur d'être connus d'elle; ensuite vous la suivez à la chasse; et voilà ce qu'on appelle *monter dans les carrosses du Roi*. Vous retournez faire votre cour aussi souvent que bon vous semble; et ceci ne vous mène pas toujours à grand'chose.

La présentation pour les Dames avait lieu jadis avec plus de cérémonies et d'apparat. Après en avoir reçu l'ordre de Sa Majesté, qu'on avait fait prévenir des noms de la dame présentante et de ses deux adjointes, qui devaient toujours être des femmes de la Cour, on arrivait à la porte du grand cabinet, en grand habit, c'est-à-dire un bas de robe étalé sur un panier de quatre aunes et demie; un long manteau qui s'agrafait à la ceinture, un corset assorti, des barbes tombantes, *un pied de rouge* et la coiffure à la mode du temps. Il est inutile d'ajouter qu'on avait fait choix des étoffes les plus magnifiques et qu'on avait mis tout autant de diamans qu'on avait pu s'en procurer. Le Roi ne parlait pas toujours depuis que c'était Louis XVI, mais il faisait toujours un bon signe de véritable amitié paternelle; ensuite il embrassait la dame présentée, d'un seul côté quand c'était une simple femme de qualité, et sur les deux joues quand elle était Duchesse ou Grande d'Espagne; ou bien aussi quand elle portait le nom d'une de ces familles qui sont en possession héréditaire des honneurs du Louvre avec le titre de Cousin du Roi. On s'est toujours souvenu que, dans sa jeunesse, le Roi Louis XVI appuya de si bon cœur en embrassant la Marquise de Pracontal, qui était fort jolie, très dévote et très timide, que la pauvre femme en resta dans un embarras prodigieux. Il allait recommencer de l'autre côté lorsque le Duc d'Aumont, qui était de service, se précipita entre le monarque et la jeune dame en s'écriant qu'elle n'était pas Duchesse! ce qui fit rire tout le monde, à commencer par ce bon Roi.

On allait ensuite chez la Reine, devant laquelle on s'inclinait assez profondément pour avoir l'air de s'agenouiller, afin de prendre le bas de sa robe; mais Sa Majesté ne laissait jamais la dame présentée le porter jusqu'à ses lèvres; et la Reine Marie-Antoinette avait toujours l'attention de faire retomber sa robe au moyen d'un léger coup d'éventail. Il est impossible d'exprimer et de se représenter quelle était alors sa physionomie de bienveillance noble et sa dextérité gracieuse. On s'asseyait un moment devant Sa Majesté, mais seulement quand on était Duchesse ou Grande d'Espagne; et c'est là ce qui s'appelait bourgeoisement avoir *tabouret chez la Reine*; ensuite on s'en allait à reculons comme on pouvait, en tâchant de ne pas s'entortiller les pieds dans son manteau qui traînait de huit aunes, et finalement on allait se faire présenter à tous les autres princes et princesses de la famille royale, qui vous attendaient poliment à tour de rôle et qui vous recevaient avec une bienveillance adorable.

Pour en revenir aux Lejeune de la Furjonnière (car cette famille nous avait fourni subitement un Comte, un Vicomte, un Abbé de Créquy et je ne sais combien de Chevaliers de Créquy), il fallut débuter par les faire citer devant le Juge d'armes de la Noblesse de France, M. le Président d'Hozier de Sérigny, lequel est encore aujourd'hui chargé de la garde et la tenue des armorial et nobiliaire généraux. Je n'ai point de mal à dire de lui, mais il n'avait pas la réputation d'être inflexible autant que Chérin. On a vérifié dans ses registres que les armes de cette famille Lejeune avaient toujours été formées d'un *créquier à sept branches lancées en pal aiguisé*, tout comme le vôtre; mais cette unique pièce de leur écu n'était pas de gueules en champ d'or, elle était d'or en champ de gueules, et non pas *arrachée*, mais *tranchée* : prenez bien garde à ceci ! Votre père et Mme votre mère étaient confondus d'une pareille énormité ; mais il furent obligés de s'y résigner

parce que la chose avait eu lieu pendant trois cen
quarante ans sans contestation et sans interruption
connue. — Mon Dieu, mon Dieu! la même pièce
héraldique que nous avec les mêmes couleurs que
nous! C'est-il possible et c'est-il permis! s'écriait
ma belle-fille en gémissant. Il me semble que si le
créquier de ces Lejeune avait été d'argent sur un
fond noir, ou s'il avait eu la tête en bas, j'en aurais
pris mon parti. — Allons donc, Marquise! un créquier la tête en bas, répondait mon fils, c'est une
idée qui me paraît atroce; il me semble que je me
verrais pendu par les pieds.

En fait de sensibilité sur le fait des armoiries, il
faut que je vous parle de la Marquise de Lhospital
(Élisabeth de Boullogne. Elle était fille du Contrôleur-général et non pas du Boullogne des parties-
casuelles). Elle ne pouvait séparer l'idée d'une personne de celle de ses armoiries. — Mlle de Goulaine
n'est pas belle et n'est pas riche, me dit-elle un jour,
mais en revanche elle apporte ses armes en dot, et
quelles armes! Le droit de les porter vaut au moins de
quatre à cinq millions; je n'en dis pas trop!... Vous
serez un peu moins surpris lorsque vous saurez que
ces armes de la maison de Goulaine sont *mi-parties
de France et d'Angleterre,* par concession de ces deux
couronnes, en suite et récompense d'un arbitrage
entre elles et d'un traité de paix qui furent conclus et
signés par un Sire de Goulaine en 1525. Les héritiers
de cet illustre négociateur sont au nombre de ces
nobles gens qui vivent dans leurs terres et qui ne reviennent jamais à Versailles après la cérémonie de
leur présentation. On trouve dans toutes nos pro-

vinces, et surtout en Bretagne, une foule de gens de bonne maison plus généreux que vaniteux et plus fiers que riches, lesquels entrent au service du Roi dès l'âge de seize ans, pour se retirer avec le grade de capitaine aussitôt qu'ils ont gagné la croix de Saint-Louis. On dirait que cette croix de Saint-Louis est le mobile de leur existence, le complément de la vie sociale et l'une des quatre fins théologales du gentilhomme! On ne dira certainement pas que la plupart des gentilshommes français soient onéreux à l'État, ni qu'ils soient exigeans pour la Couronne. Cette érection de l'ordre de Saint-Louis fut une création des plus hautement politiques, et c'est encore une conception des plus économiques: c'est-à-dire économique à la manière de Louis XIV et du grand Colbert, avec un solide et fécond noyau de noblesse et d'honneur au fond de la pensée. En bonne politique, il ne suffit pas d'instituer un ordre et d'en distribuer les croix; l'essentiel est de les bien placer pour les faire reluire : Mais retournons à notre Marquise écussonnière.

Imaginez qu'elle avait refusé d'épouser le Comte de Choiseul, aîné de sa maison, Gouverneur du Dauphiné et notre Ambassadeur à Vienne, uniquement parce que les armes du Comte étaient en champ d'azur et qu'elle avait l'horreur de tous les blasons qui peuvent se trouver sur un fond bleu (les fleurs de lis d'or exceptées). La raison qu'elle en donnait, c'est que le champ des siennes était d'un pareil émail, et que cela ne pouvait jamais produire un bon effet pour des armoiries de *communauté*, où les deux écussons des mariés doivent se

trouver accolés en trophée d'alliance. Elle ne tarissait et n'en finissait pas sur tous les beaux motifs de sa détermination. Il y avait bien dans les armes de Lhospital une pièce qui ne lui plaisait guère, et c'était un coq, autant qu'il m'en souvient; mais, comme les armes de Lhospital sont écartelées de celles de Narbonne et que le rouge y domine, voilà ce qui l'avait décidée pour monsieur son mari, qui du reste était bien éloigné d'être aussi grand seigneur, aussi riche, aussi bon sujet, aussi jeune, aussi bien fait, et surtout d'une aussi bonne santé que le Comte de Choiseul, avec sa funeste croix d'or en champ d'azur. On n'aurait jamais supposé que l'obligation de porter ces belles armes aurait pu lui faire manquer un mariage. « J'ai toujours éprouvé, nous disait-
« elle, une aversion décidée pour les hommes de
« qualité qui n'ont pas de jolies armes ou dont le
« nom de famille a quelque chose de mesquin;
« mais les gentilshommes à *fond bleu* sont à la tête
« de ma catégorie de proscription. Étant riche hé-
« ritière et des plus recherchées, ma première in-
« formation a toujours porté sur les armoiries de
« mes prétendans et sur le véritable nom de leur
« famille. Je n'aurais pas épousé M. de Lhospital
« s'il avait eu des armes à petites pièces, ou si son
« nom patronymique avait eu l'air bourgeois, eût-
« il été Maréchal de France et Duc de Vitry,
« comme son grand-père! J'avais juré de ne jamais
« épouser un homme dont les armoiries fussent en
« champ d'azur; je l'avais juré par le Styx, et c'est
« un serment sacré! » Belle parole d'honneur en
Olympe, et serment bien formidable en effet, quand

il a été proféré chez les Ursulines de Chaillot! Elle aimait naturellement les beaux Messieurs, mais c'était à condition que leur blason n'eût rien de vulgaire et que leur nom parût grandiose ; il y avait dans son cœur de marquise et de femme galante une étrange fibre en irritation. — Voyez donc le jeune Marquis de Grancey, comme il est beau!—Fi donc! répondait-elle, il a des armes affreuses, des armes à fond bleu, c'est tout dire! avec un tas de petites pièces comme un anobli par l'Hôtel-de-Ville ; et puis il a nom Rouxel, et c'est horrible à penser!... Comment peut-on s'appeler Rouxel?

Je puis vous dire, au surplus, que j'ai connu deux filles de qualité, Mesdemoiselles de Comminges, dont l'une avait refusé d'épouser le Comte d'Effiat à cause de son nom de Coiffier-Ruzé, qui lui semblait ridicule, tandis que sa sœur ne voulut jamais se marier avec le Marquis de Porcelets, parce que les armes de cette grande et ancienne famille sont trois sangliers, qu'elle appelait des cochons, en dépit du vocabulaire armorial. Le caractère de préoccupation pour l'*Héraldique* est un de ceux qui nous manquent dans La Bruyère. Il n'était pas si rare autrefois, et quand on s'étonnait de ce que cet ingénieux écrivain n'en avait fait aucune mention dans son livre des Caractères, Mme de Coulanges nous disait que La Bruyère ne savait rien du blason, que c'était la seule raison qui l'avait retenu d'en parler, de peur de s'aventurer dans quelque bévue, et qu'il en avait montré devant elle un vif regret. C'est une manière de science qui n'allait guère à des roturiers, et dont les bourgeois n'avaient pas à s'occuper autrefois. On ne l'apprenait guère à moins d'être gentilhomme, ou d'être magistrat, généalogiste ou légiste. Fontenelle avait su que les mots de blason qui sont employés dans une satire de Boileau lui avaient été dictés par le Commandeur d'Estampes, et personne n'ignore de qui Molière avait appris tous les termes de vénerie qu'il a mis dans sa comédie des *Fâcheux* (1). Voltaire n'y mettait pas autant de scrupule et de précaution que La Bruyère et Despréaux ; il a parlé souvent d'héraldique et n'en savait pas un mot. Il est aisé de s'en apercevoir.

« *J'estime fort cette bonne pensée de monsieur Gaudin*, dit Gilles Ménage, *c'est à sçavoir que Adam et Ève devaient manquer de récréation, et trouver dans le paradix terrestre moins de plaisir que nous icy-bas, parce qu'ils n'avaient pour s'amuser ni les généalogies, ni les histoires de Concille, ni les livres de Blazon.* »

Voilà donc nos adversaires en possession des armes de Créquy, jaune sur rouge, au lieu de gueules en champ d'or. Il fallut nous y soumettre, et toutes les réclamations de mon fils s'en vinrent échouer devant la prescription plus que centenaire et l'impossibilité de trouver que cette famille eût jamais porté d'autres armoiries qu'icelui *créquier à sept branches lancées*, porte l'arrêt, qui néanmoins défend aux Lejeune de rien innover dans la disposition de la pointe inférieure de cette pièce *tranchée*, non pas *arrachée*, comme aussi de joindre à leur blason les cimier, tenant, support, devise en invocation, cris

---

(1) C'était du Marquis de Soyecourt, Grand-Veneur de France.

de guerre en provocation, couronne héraldique et autres insignes affectés aux Sires de Créquy, Saint-Pol et Canaples.

Restait donc à faire juger la grande affaire du nom de Créquy, dont l'usurpation ne remontait pas à plus d'une année révolue; et du reste, il est bon de vous avertir qu'en fait d'usurpation de cette nature, on est toujours à temps de poursuivre, attendu qu'on n'est jamais arrêté par aucun bénéfice ou par aucun embarras qui tienne à la prescription. Votre père ne manqua pas de faire évoquer sa cause au parlement de Paris, afin que MM. les Ducs et Pairs pussent aller y siéger suivant leur droit, et suivant leur coutume de bon procédé pour leurs amis et leurs parens ou leurs collègues en fait de haute noblesse. En cas de procès généalogiques ou de contestations nobiliàires, ils n'y manquent jamais, et ce n'est pas ce que messieurs les parlementaires en aiment le mieux. Comme le fameux Gerbier était malade, mon fils avait eu l'idée de faire plaider sa cause par un avocat appelé Siméon (1); mais on apprit qu'il avait été le défenseur de cet horrible Comte de Sade au parlement d'Aix, et ce fut l'avocat Treillard que nous chargeâmes de notre affaire. Il n'y avait alors rien de plus notable et de plus honorable au barreau de Paris. Il y a long-temps que cet ordre des avocats ne vit plus, en fait d'estime et de considération, que sur le souvenir de ces dignes et grandes figures des Pasquier, des Patru, des Cochin et autres célèbres avocats du temps passé.

(1) M. Siméon est aujourd'hui Comte et Pair de France.

Nos Angevins prétendirent qu'ils devaient être issus d'un certain Raoul de Créquy surnommé *le jeune*, dont il n'avait pas été fait mention dans les généalogies imprimées de votre maison, parce qu'il était Précepteur de l'ordre du Temple et qu'il n'y avait pas eu de quoi se vanter d'une illustration pareille (1). Mais comme son existence nous était con-

(1) Quand vous lirez les anciens nobiliaires, vous y remarquerez, s'il vous plaît, qu'aucun dignitaire ou chevalier de l'ordre du Temple ne se trouve mentionné dans les filiations généalogiques, d'où l'on pourrait induire que les plus grandes familles de France ne fournissaient jamais personne à la milice du Temple, ce qui serait en opposition complète avec la vérité. Chérin m'a dit que ceci provenait originellement de l'horreur et du mépris qu'on avait eus pour ces moines, et de ce que cette disposition subsistait encore dans toute sa force au commencement du seizième siècle, époque où les anciens généalogistes avaient commencé leurs publications. — Quand on y voit, me disait-il, *il avait eu de sa femme, entre autres enfans*, on peut être assuré qu'il se trouve là quelque Templier qu'on a voulu dissimuler par pudeur et par égard pour sa famille. Raoul de Créquy, surnommé *le Jeune*, était le frère et le filleul de notre fameux Raoul, surnommé *le Haut-Baron*, et le cinquième fils de Gérald Sire de Créquy et de sa femme Yolande de Hainaut. Il avait suivi son père, son frère et l'Empereur Baudouin, son grand-père, à la première croisade, en 1096. Si le père Anselme, auteur si judicieux et si religieusement exact, n'a rien dit de ce jeune Raoul, c'est qu'il ne parle jamais des Templiers. — Je suis tenu, disait-il un jour à mon beau-père, de n'écrire que la vérité, mais non pas obligé de la dire tout entière ; il en résulterait des écritures à ne jamais finir, et j'ai pris mon parti de couper tous les hérétiques et les Templiers au vif des arbres... Indépendamment de la chronique de Ruisseauville et de la chronique Châtelaine, qui nous rapportent les faits et gestes de ce beau Raoul, on a de lui plusieurs titres originaux, et, par exemple, un *Obiit* qu'il a fondé pour un de ses amis

nue, nous fûmes très surpris de voir évoquer la mémoire de ce beau Templier, dont la chronique de l'abbaye de Ruisseauville a parlé si gaillardement. Nous demandâmes à voir le document qui pouvait appuyer cette prétention-là. Néant; et, comme cet ancêtre prétendu de la famille Lejeune avait fait ses vœux dans l'ordre du Temple, au sortir de pagerie chez l'Empereur Baudouin, Comte de Flandres et son grand-père, il en serait toujours résulté qu'ils auraient été bâtards d'un moine et qu'ils n'auraient pas été reconnus par lui, car il apparut qu'il était mort en Palestine à l'âge de 21 ans. Mais ceci n'aurait pas encore amené le prompt dénouement de la pièce, et le bonheur voulut qu'en vérifiant les titres de nos parties adverses, on découvrit que leur noblesse avait pour origine un acte d'anoblissement du Roi Louis XII en faveur de Jean Tassin, dit le Jeune, sieur de la Furjonnière, et son valet de chambre tapissier. — Mais ces Messieurs Lejeune ont effectivement des rapports notables avec MM. de Créquy, répondis-je en apprenant cette nou-

---

dans l'abbaye de Hautkerke, en 1094. (*Nous croyons devoir supprimer le reste de cette longue note, qui serait sûrement dénuée d'intérêt pour la plupart des lecteurs. Elle se termine par une dissertation critique sur une foule d'erreurs que Madame de Créquy reproche aux dictionnaires de Moréri et de la Chesnaye-des-Bois. Nous en avons donné la substance dans notre Avis de l'Éditeur, au commencement du premier volume. Il paraît aussi que M. et Mme de Créquy n'avaient pas même daigné réclamer contre l'omission de leur brevet pour les honneurs du Louvre et celle de leur grandesse, dans les almanachs et les Colombats, à cause de leur mépris pour ces sortes d'ouvrages.*)

velle, et tandis que les uns gagnaient des batailles, il paraît que les autres faisaient des siéges. C'était justement ceci que Chérin m'avait indiqué si discrètement.

Cependant Mme de Soucy tâchait d'ameuter contre nous toute son illustre corporation des sous-gouvernantes ; elle écrivait à tous les présidens et conseillers du Parlement lettres sur lettres, en les signant toujours *Le Noir Soucy,* parce qu'elle était née Mlle Le Noir ; et toujours fut-il qu'elle avait mis dans les intérêts de son gendre un certain président Dubois de Courval à qui votre père en a joliment donné sur les doigts. On l'avait nommé, je ne sais pourquoi, premier commissaire à la vérification des pièces produites ; il était le neveu d'un intendant du Duc de Créquy, dont son père avait porté la livrée, et par une insolente affectation d'indépendance et de mauvaise gloriole, il se refusa toujours à donner audience à mon fils. Lorsque nous allâmes saluer nos juges, assistés des trois maisons de Crouy, de la Tour-d'Auvergne et de Mailly, comme étant les plus anciennement et les plus fréquemment alliées de la vôtre, arrive en courant M. le Président Dubois qui revenait de la campagne, apparemment, car il était culotté d'écarlate avec des jarretières en galon d'or ; et voilà mon fils qui se met à dire à Mme de Canaples, en lui montrant cette culotte rouge avec un air innocent et bienveillant : — Il paraît que le Président Dubois a de la peine à quitter nos couleurs. Je ne vous rapporte pas ceci par admiration pour cette malice de M. votre père, attendu que j'en éprouvai sur l'heure une contrariété profonde, et qu'il n'est pas en moi d'approuver ni d'encourager des corrections si rudement appliquées à bout portant.

Le Roi me dit un jour : — Est-ce que le Marquis d'Estourmel est de vos parens? et comment se fait-il qu'il reconnaisse vos adversaires pour être de la maison de Créquy?

— Je ne crois pas qu'il soit directement parent de mon fils, répondis-je à S. M.; mais si le Roi me le permet, je lui dirai sur ce M. d'Estourmel le peu que je sais. Sa parente, Mme d'Ossun, nous a raconté qu'à l'âge de 30 à 40 ans il allait toujours se placer à table à côté de son vieux père qui n'y voyait goutte, et que c'était pour lui dérober et lui manger tout ce qu'on mettait de meilleur sur son assiette. Il répondait à la Comtesse d'Ossun, qui lui reprochait sa goinfrerie : — Laissez donc! c'est un vilain homme; il a rendu ma mère très malheureuse; il était du parti des Piccinistes contre le chevalier Gluck!

— Ce doit être une fameuse autorité historique et généalogique! me dit le Roi. Pensez-vous qu'il descende effectivement d'un certain Cretin-Creton qui serait monté sur les remparts de Jérusalem avant tout le monde?

— Ah! mon bon Roi! je n'en sais rien du tout, ni eux non plus. Ils disent aussi que ce brave homme en a rapporté pour eux je ne sais quelle relique, en part de prise. C'est une imagination qui leur est venue dans la tête, on ne sait comment, et tout le monde en a ri dans leur province.

Mme de Puysieulx nous disait aussi qu'ayant été

faire une visite de noces à Mme d'Estourmel, la femme de notre généalogiste, il arriva dans la chambre un gros garçon de 12 à 14 ans qui était encore en jaquette, et qui se mit à dire à la nouvelle mariée

— Donnez-moi donc votre bonnet pour m'amuser.

— Mon fils, lui dit Mme d'Estourmel, il ne faudrait pas vous exprimer de cette manière, et surtout avec Madame, à qui vous allez parler avec une grosse voix.... On dit : « Mme la Comtesse, je serais bien « aise de jouer avec votre jolie coiffure ; auriez-vous « l'extrême bonté de me la prêter ? » Je ne me souviens plus si Mme de Puysieulx avait eu la complaisance de laisser décoiffer sa jeune mariée pour satisfaire cet aimable enfant. Elle en était bien capable, afin d'en avoir un sujet mieux conditionné pour se moquer de la tendre mère et du charmant héritier des Cretin-Creton..

Vous n'exigerez sûrement pas que je vous raconte tous les détails d'un procès qui n'a pas duré moins de quatre ans ; vous en aurez tous les factum et les plaidoiries à votre disposition. Ainsi je me borne à vous dire que, malgré la protection du Marquis Cretin et celle de la Comtesse *le noir souci*, M. le Comte de Créquy *le jeune* fut condamné, par arrêt du Parlement de Paris, à quitter le nom de votre famille et par suite de cela son titre de Comte. Il avait été chargé de la totalité des frais du procès, et voilà qui fit saigner mon bon cœur, attendu que sa famille était à sa charge et qu'il était dépourvu de fortune. Aussi lui refusa-t-on d'accepter le remboursement des frais d'enquêtes, et quand il arriva pour déposer son amende au greffe, on lui répondit que tous les frais judiciaires étaient acquittés. Mon fils lui écrivit qu'entre gentilshommes il ne fallait pas se faire tomber en ruine; que c'était au plus riche à payer pour l'autre, et qu'après avoir plaidé contre lui pour établir que nous n'étions pas de la même famille, il ne nous restait qu'à le remercier de l'honneur qu'il nous avait fait en y prétendant. Je crois déjà vous avoir dit qu'un de ses frères a continué de se faire appeler Créquy, en dépit de la sentence, et j'oserai dire au mépris de ma bienfaisance. Si l'aîné de ses frères avait encore vécu, je ne doute pas qu'il ne l'eût désapprouvé. Ce Chevalier de la Furjonnière était bien certainement le plus honnête homme du monde, et je voudrais que tous ses parens pussent lui ressembler......

En fait de procès généalogiques, il me reste à vous parler d'une indigne et scandaleuse dénégation de parenté qui fut exercée par le Marquis de Nesle contre son cousin, le Comte de Mailly d'Haucourt. Ce fut une affaire qui fit le plus grand bruit du monde, et voilà ce qui m'oblige à vous la rapporter, ce que je vais faire avec toute la brièveté possible.

Avant l'époque de cette contestation généalogique, la maison de Mailly se partageait en trois branches : celle des Marquis de Nesle, aînés de leur maison, celle des Mailly-Rubemprey, rameau de la branche de Nesle, et celle des Comtes de Mailly, Marquis d'Haucourt, qui n'était séparée de la branche aînée que depuis le seizième siècle. Le dernier Marquis de Nesle n'avait laissé que cinq filles qui devinrent Mmes de Mailly, de Vintimille, de Lauraguais, de Châteauroux et de Flavacour, et ce fut son collatéral et son plus proche agnat, le Prince de Rubemprey, qui vint recueillir par substitution cet admirable héritage des Sires de Nesle et des anciens Princes d'Orange (1). Il est à savoir que le feu Marquis de Nesle avait été le parrain, le tuteur et le meilleur parent du monde pour le Comte de Mailly d'Haucourt, lequel, assez mauvais coucheur de sa nature, avait entrepris de se battre en duel avec son cousin de Rubemprey, qu'il ne pouvait souffrir, et qu'il n'avait jamais pu décider à lui rendre raison pour je ne sais quel grief de jeune homme. Aussitôt que ce prudent Rubemprey fut devenu Marquis de Nesle et par conséquent chef des nom et armes de la famille, il ne trouva rien de mieux à faire que de renier les Mailly d'Haucourt en disant qu'il n'était pas bien assuré qu'ils fussent de sa maison. Irritation surabondante et provocation nouvelle avec de grandes rumeurs, ainsi qu'il est aisé

---

(1) Louis III, par la grâce de Dieu, Sire de Mailly, Marquis de Nesle, Prince d'Orange et de Lisle-sous-Montréal; Marquis de Mailly en Boulonnais, de Rambures et de Montcavrel; Comte, Vicomte et Baron de Fohain, Beaurevoir, Hugotsem, Bernom, Remaugis, Saint-Méry, Pargny, Lyvry, Maurupt, Menerville et Monthulin; Chevalier des ordres et Gouverneur de Flandre, etc.

La substitution du Marquisat de Nesle est la plus riche du royaume en territoire ainsi qu'en droits utiles. On n'a jamais connu la date de son érection, ce qui lui confère un certain éclat d'indépendance et de supériorité particulière. Si vous entendez remarquer que le Prince de Guémenée, le Marquis de Nesle et le Duc de Bouillon, Comte d'Évreux, sont les trois plus grands seigneurs de France, je vous conseille de ne pas contester cette proposition, car elle est de toute vérité.

(Note de l'Auteur.)

de le penser. Cette dénégation de M. de Nesle était un acte de méchanceté follement ridicule, en ce qu'il ne pouvait avoir la prétention de contrôler ni démentir tous les actes souscrits par ses grands-parens défunts, comme aussi tous les documens chartriers du Comte de Mailly d'Haucourt, par qui l'origine de sa branche était aussi visiblement constatée que l'existence et la clarté du soleil. Mais à cause de son caractère épineux et de sa position favorisée, ce dernier ne pouvait manquer d'avoir des ennemis et des envieux : il se trouva des personnes qui se réunirent à M. de Nesle ; il en résulta des discussions, des dissensions, des propos, des disputes, et la mêlée devint générale. Il y avait dans le régiment de mon fils un sous-lieutenant qui s'était battu contre un de ses camarades à propos du Marquis de Nesle, et quand mon fils lui demanda de quoi il se mêlait, il se trouva que ce jeune officier avait pensé qu'il était question de ce Comte de Nassau qui prend le titre de Prince d'Orange, et à qui sa famille (protestante) avait eu des obligations. Votre père lui savonna rudement la tête en disant qu'il mériterait de ne pas rester au service du Roi, pour lui apprendre à se présenter en manière de champion pour un Stathouder hollandais.

Comme épisode, et pendant que je tiens ces vilains Nassau par leurs cheveux roux, je vous dirai que la principauté d'Orange en Provence (héritage de l'ancienne maison de Baux, qui tomba de lance en quenouille et qui a fini dans la maison de Châlons) avait été réclamée par la branche hollandaise des Comtes de Nassau vers la fin du xvime siècle.

C'était à raison d'un droit prétendu sur la succession de cette famille française qui ne manquait pas d'héritiers, et c'était principalement pour s'attribuer un titre de Prince, ne fût-il que de courtoisie simplement honorifique ou de prétention successive. La couronne de France, à qui la chose était d'une indifférence parfaite, avait commencé par accéder à la mise en possession de ces Allemands; mais les héritiers de la maison de Châlons réclamèrent, et toutes les cours souveraines du Royaume ont toujours débouté de leur prétention ces Comtes de Nassau, qui n'en ont pas moins persisté à se décorer du titre de Prince, à cause de leur prétention sur ladite principauté d'Orange. Il est à savoir à présent que le Stathouder actuel ne descend pas même de ces anciens titulaires d'Orange, héritiers prétendus d'une fille de Châlons, et de plus il est très douteux qu'il soit de la véritable maison de Nassau. Son grand-père était un gentilhomme du duché de Gueldres qui s'appelait et s'armait comme ces anciens Comtes de l'Empire, et voilà pourquoi MM. des États hollandais l'ont adopté pour capitaine général, après la mort de leurs derniers Stathouders, afin de paraître en avoir conservé de la graine calviniste et républicaine.

Ce Roi Guillaume de Nassau, dont les bons Hollandais sont si fiers et si charmé, le Maréchal de Tessé m'a dit qu'il avait fait attaquer l'armée du Maréchal de Luxembourg, quoiqu'il eût dans sa poche un traité d'armistice équivalant à la paix signée, et qu'il avait dit ensuite à son ami Gourville que c'était afin de se faire tuer des soldats, parce que, la paix étant faite, il allait lui en rester beaucoup à réformer et à pensionner.

— Voici une lettre qu'il a pris la peine de m'écrire de sa main, disait un jour Mme de Maintenon, devant ma grand'mère, à Mme la Duchesse de Bourgogne. — Quelle main, s'écria la princesse, indigne de porter un sceptre, indigne de porter l'épée, indigne de porter toute autre chose que des liens de corde !...

Je vivrais dix mille ans que je ne pourrais jamais triompher de mon abomination pour les Nassau, pour cette famille de révoltés et d'usurpateurs, pour cette race hypocrite, avare et fourbe!

C'était du Comte ou plutôt du Maréchal de Mailly que je devais vous parler, car il était devenu Maréchal de France, et jamais le bâton fleurdelisé n'avait été saisi par une main plus ferme et plus experte. Son fils avait été créé Duc de Mailly, et le Roi finit par s'impatienter contre M. de Nesle, au point de lui faire dire qu'il eût à ne jamais reparaître à Versailles s'il ne discontinuait ses chicanes, attendu qu'il agissait en personne déraisonnable, en homme déloyal peut-être, et sans aucun doute en parent dénaturé. Savez-vous ce que fit alors M. de Nesle? Il abandonna ses premières poursuites et se mit à procéder contre le Maréchal de Mailly à titre de parent, et pour exercer le droit de retrait linéager sur un de ses domaines, en vertu d'un article du testament d'un Sire de Mailly, leur aïeul commun. Ce Prince d'Orange aurait été Stathouder qu'il n'aurait pas mieux fait! Et ce fut une belle conclusion pour toute la noblesse de France, qu'il avait trouvé moyen de maintenir en fièvre d'observation durant plusieurs années. Les meilleurs amis de M. de Nesle furent obligés de convenir qu'il n'avait ni cœur ni tête; et voilà tout l'historique de ce fameux procès. Ne vous laissez pas dérouter par l'ignorance ou la mauvaise foi de certaines gens qui voudraient y donner plus d'importance et de consistance.

Le Maréchal avait épousé en premières noces une Colbert de Torcy, dont il avait eu la Marquise de Voyer d'Argenson, belle-fille du Ministre de la guerre. En secondes noces il avait pris pour femme une Demoiselle de Séricourt d'Esclainvilliers, dont il a eu le Duc de Mailly, qui n'a pas d'enfans. Aussi, craignant avec raison de voir s'éteindre sa branche et peut-être la maison de Mailly, car le fils unique de M. de Nesle est un singulier gentilhomme, voilà M. le Maréchal de Mailly qui vient de se remarier à soixante-dix-huit ans avec Mademoiselle de Narbonne-Fitzlaer, dont il est bien persuadé qu'il aura des enfans. C'est une jeune femme du premier mérite, et ce que j'en puis dire est d'autant moins entaché de partialité que je ne l'ai jamais vue, sans compter que la Vicomtesse de Narbonne, sa mère, est un objet d'aversion pour moi. Il est resté de la branche de Nesle un vilain Prince héréditaire d'Orange qui passe sa vie dans la plus misérable compagnie du monde. Il y paraît à son ton, ses manières et son mauvais propos; il n'est pas comme le Duc de Fitz-James, il n'a pas trouvé moyen de marcher dans la boue sans se crotter. Quand je demande à Mme de Coislin, sœur de ce Marquis, comment ils en agissent à présent avec leur autre branche : — Mais je les renie de toute ma force, dit-elle, et c'est afin de nous mettre au-dessus d'un Maréchal de France et d'un titre de Duc. Il n'appartient pas à tout le monde de regarder un bâton de Maréchal et un manteau ducal de haut en bas. Cela nous donne plus grand air et cela me paraît de fort bonne grâce. J'ai mis cela dans la tête de mon frère, et voilà ce qui nous décide à persister. Je ne le dis qu'à vous, parce que vous êtes une personne d'esprit ; n'en parlez point, mais voilà le dessous de nos cartes (1).

« En voilà-t-il des pals en écus couronnés,
« Des Lions lampassés, des Aigles allumés,
« Lambrequins, Dextrochère ou Gonfanon sinistre,
« Et tout ce que d'Hosier minute en son registre !
« Ah ! remontez en selle, et, partant de ces lieux,
« Allez, Madame, allez avec tous vos aïeux ;
« Sur les pompeux débris des lances espagnoles,
« Coucher, si vous voulez, aux champs de Cérisoles.
« Allez, je vous conjure, y chercher votre époux :
« Nos modernes lambris ne sont pas faits pour vous (2) !

Voilà qui s'ajuste admirablement et qui tombe

(1) Le Maréchal de Mailly a péri sous la hache révolutionnaire à Arras, en 1794, âgé de quatre-vingt-six ans. Il est monté résolument sur l'échafaud. C'était un homme à cœur de lion, comme il y parut le 10 août, et l'on a vu dans les journaux que 15.000 citoyens de son ancien gouvernement de Roussillon souscrivirent une pétition pour demander sa mise en liberté, à raison des services qu'il avait rendus à leur province, et notamment pour avoir fait rétablir le Port-Vendre, où les navires ne pouvaient plus relâcher depuis environ deux cent cinquante ans. Il n'a laissé qu'un fils, qui reste le dernier de cette grande maison. *(Note de l'Auteur.)*

(2) Deuxième variante à la satire de Boileau. *Remarque de la Monnoye, Manus. à la bibl. royale, page 49. (Note de l'Édit.*

IV.   3

d'aplomb sur mes derniers chapitres, et je n'en disconviens pas. Mais dites-moi donc, monsieur le philosophe économiste, ou monsieur l'auteur d'un *Voyage sentimental*, à qui la faute? et de quoi pourrais-je vous parler, sinon des choses auxquelles on s'intéressait de mon temps? car alors on s'occupait de l'héraldique et des procès nobiliaires, et l'on s'en occupait avec autant d'intérêt que vous pouvez le faire aujourd'hui d'un mensonge encyclopédique de M. Dalembert et d'un plagiat littéraire de M. de Guibert. On plaidait quelquefois pendant quatorze ans et l'on dépensait quatre-vingt mille francs pour une ancolie sur un tourteau de sable (1). Si l'on fait imprimer ces Mémoires et si l'on parle de moi comme auteur, on pourra dire que j'avais les défauts de mon siècle avec ceux de mon âge, et c'est le pire qui m'en puisse arriver. Aussi bien, suis-je peut-être la dernière personne qui puisse écrire en français sur les armoiries et les généalogies de la noblesse de France. Prenez tout ce que j'en ai dit comme si c'était une chronique, une légende, une sorte de complainte. Prenez que ce soit une litanie funéraire ou la psalmodie d'un *libera*, si vous voulez, et n'en parlons plus.

Voici venir la querelle des parlemens, et la révolution ne tardera pas. Il n'est pas moins naturel d'aimer son siècle que d'aimer son pays. Nous allons assister aux funérailles de l'ancien régime, et j'aurais voulu faire en sorte, au moins, que son effigie fût ressemblante.

(1) Allusion au procès du Baron de Robertmesnil contre la famille Ancholy de Mareuil. *(Note de l'Éditeur.)*

CHAPITRE II.

Naissance d'un Duc de Berry. — Présages funestes. — Damien, son supplice. — Attendrissement de Louis XV. — Les Maréchales de la Tour-Maubourg et de Balincourt. — Prodige de ressemblance entre elles. — Étrange requête de la ville d'Amiens. — Nom d'Artois donné au frère du Duc de Berry. — Motif de cette concession. — M. et Mme Geoffrin. — Les Comtes Poniatowski. — Le poète Danchet et Mathieu Molé. — Lecture de la gazette par M. Geoffrin. — Singulière explication donnée par sa femme. — Naufrage d'un missionnaire dans un bassin des Tuileries. — Quiproquo de M. Geoffrin. — Élection vénale et scandaleuse d'un roi de Pologne. — Voyage de Mme Geoffrin à Varsovie. — Le Comte de Turpin. — M. du Boccage et la demoiselle Camargot. — L'abbé Prévôt, son portrait et sa fin tragique.

Madame la Dauphine était accouchée d'un prince, et, comme la cour était alors à Choisy-le-Roy, aucune personne de la maison de France ne put assister à la naissance de cet enfant royal. Le courrier qu'on envoyait pour en porter la nouvelle à Paris tomba de cheval à la barrière et mourut de sa chute. L'Abbé de Saujon, qui devait l'ondoyer et qui se rendait à la chapelle du château, tomba, sur le grand escalier de Versailles, en paralysie; enfin, des trois nourrices arrêtées par le premier médecin de son père, il en mourut deux en huit jours, et la troisième eut la petite vérole au bout de six semaines.

— Voilà qui n'est pas d'un heureux augure, avait dit le Roi son grand-père; et je ne sais comment il a pu se faire que je l'aie titré Duc de Berry : c'est un nom qui porte malheur.

Ce même enfant royal est devenu le Roi Louis XVI.

Je ne vous parlerai pas de l'attentat régicide et du procès de Damien, dont les détails se trouvent partout et dont l'exécution fut une chose abominable en pays chrétien. On l'avait attaché sur une sorte de plancher, à la hauteur des chevaux qui devaient l'écarteler en lui arrachant les membres; mais, comme ils ne pouvaient en venir à bout, on en mit huit au lieu de quatre, et rien n'y faisait : on finit par lui détacher, avec des lames de coutelas, les deux épaules ainsi que les cuisses; après quoi son tronc mutilé resta là, surmonté d'une tête qui parlait encore. On n'a jamais ouï raconter rien de plus affreux. Le Roi fit des cris et s'enfuit quand il en entendit le rapport, et j'ai su qu'il s'était réfugié dans l'oratoire de la feue Reine, où Laborde le trouva disant l'office des morts et priant le bon Dieu pour le repos de l'âme de son assassin. Le Maréchal et la Maréchale de Maubourg (1) nous dirent le lendemain que le Roi n'avait pas voulu sortir de son appartement, qu'il avait refusé de faire

---

(1) Jean-Hector de Fay, Baron de la Tour, de Maubourg, et d'Unières en Velay, Maréchal de France, Chevalier des ordres et Gouverneur de Saint-Malo. Sa femme, Marie-Anne de la Vieuville, était sœur de Mme de Parabère, et belle-fille de ma tante Marie-Thérèse de Froulay, Comtesse douairière de Breteuil, laquelle avait épousé le Marquis de la Vieuville, ainsi que e vous l'ai dit plus tôt. (*Note de l'Auteur.*)

sa partie, et qu'il avait eu les larmes aux yeux pendant toute la soirée.

A propos de la Maréchale de la Tour-Maubourg, je vous dirai qu'elle ressemblait tellement à la Maréchale de Balincourt que leurs enfans s'y trompaient et que la Princesse de Tingry (Louise de Fay), qui était jeune fille alors et qu'on venait de faire sortir du couvent, les prit une fois l'une pour l'autre. Comme elles avaient aussi les mêmes insignes, environ les mêmes armes, et tout à fait les mêmes couleurs de livrée, il en arrivait continuellement des coq-à-l'âne entre les marchands et les laquais. Il me semblait que le Maréchal de Balincourt aurait bien voulu faire en sorte que la Maréchale de Maubourg voulût s'y laisser tromper. Il se plaignait de ce que sa femme était naturellement désobligeante, et l'on disait que Mme de Maubourg aurait été de meilleur procédé. — Voyez donc comme elle est sèchement contrariante! disait-il de sa Maréchale, et pourtant je ne l'en aime pas moins ; je ne voudrais pas l'échanger contre deux pareilles! Il avait l'air d'un Caton, mais le diable n'y perdait rien.

On apprit, quelque temps après la mort de Damien, que le corps municipal et les bourgeois d'Amiens sollicitaient du Roi la faveur de changer le nom de leur ville en celui qu'il plairait à S. M. de vouloir adopter ; et néanmoins, ils prenaient la liberté de lui proposer celui de LOUISVILLE. C'était M. Gresset, leur concitoyen, qui leur avait mis la chose en tête, et M. Nicolaï, leur intendant, ne manqua pas d'en faire sa cour, en écrivant là-dessus lettres sur lettres à MM. du Grand-Conseil. Il se trouva que l'Évêque d'Amiens, cent vingt-huitième successeur de saint Firmin, n'y voulut pas accéder; il écrivit au Roi que le nom de sa ville épiscopale était une de ces propriétés ecclésiastiques qu'il avait juré de maintenir, de transmettre à ses successeurs et de protéger envers et contre tous. Si le premier jugement de son officialité diocésaine était porté devant l'officialité métropolitaine de Reims, il était certain que les bourgeois mayeurs d'Amiens et leur intendant y perdraient leur procès, ou l'autorité royale et l'auguste nom de S. M. pourraient s'en trouver compromis; enfin tout donnait à penser que l'officialité primatiale de Lyon ne voudrait pas consacrer cette belle imagination de l'auteur de Vert-Vert, adoptée par un intendant flagorneur.

Le Nicolaï s'en vint à Paris pour tenir tête à son Évêque, et ne doutait pas que ses démarches ne fussent très agréables à la cour. On le fit appeler au Grand-Conseil, et voilà que le Roi lui dit de prime abord, devant tout le monde : — On a pendu en Limousin, l'année dernière, un malfaiteur appelé Bourbon, et l'intendant de Limoges ne s'en est pas soucié plus que moi. Comment voudriez-vous que le prélat de cette vieille cathédrale, le successeur des trois SS. Firmin, le Docteur, le Confesseur et le Martyr, ne fût plus *Episcopus Ambianensis?* Ce serait une flatterie dont l'adoption me donnerait mauvaise grâce. Retournez dans votre intendance et n'en parlons plus. Je vous recommanderai, Monsieur, de n'en pas rester en moins bons termes avec M. d'Amiens, dont je ne saurais désapprouver la résistance. Il a toujours rendu pleine justice à vos lumières, à votre zèle pour le bien public, à votre affection pour mon service, et je désire que vous viviez ensemble ainsi que par le passé, c'est-à-dire en bons amis.

Les princes ont, comme on sait, beaucoup de raisons pour être en garde contre la flatterie, et, du reste, on a pu remarquer chez M. Beaujon que les financiers n'auraient pas moins de peine à s'en préserver que les rois. A la même occasion de cet attentat régicide, les États d'Artois s'étaient rassemblés sous la présidence de mon fils, premier Baron de la province, et les voilà qui députent auprès du Roi plusieurs notables du second ordre, afin d'exprimer à S. M. leur désolation de ce que le criminel était Artésien, et jusqu'ici la chose était à merveille; mais ces gentilshommes voulaient absolument nous faire payer le double de ce que la province devait fournir en argent et en hommes pour le service de la couronne, et ceci ne faisait pas plus le compte de la haute noblesse et du haut clergé que du tiers-état. Je fis un Mémoire où je représentais qu'il y aurait conscience à profiter d'une proposition qui nous semblait téméraire, en ce qu'elle devrait porter sur le pauvre peuple, en définitive. Les récoltes de l'année précédente avaient été si mauvaises que l'Évêque d'Arras avait fait remise à ses fermiers et ses vassaux du tiers de ses revenus. Les principaux seigneurs du pays s'étaient cotisés avec l'abbaye de Saint-Wast pour acquérir, faire arriver et distribuer charitablement des grains de semaille aux pauvres laboureurs, et mon fils en avait déboursé plus de mille écus, sans compter l'abandon de ses droits seigneuriaux et du produit de ses terres en labour et forêts pendant six mois. Le Roi répondit bien agréablement à MM. les Députés de la noblesse d'Artois, dont il ne voulut pas agréer les sacrifices, et ce fut pour les consoler qu'on donna le titre de Comte d'Artois au troisième fils de M. le Dauphin.

Comment se fait-il que je ne vous aie encore rien dit de M``me`` Geoffrin, ni surtout de M. Geoffrin, dont on ne parlait pas assez hors de sa fabrique? Je vous assure que c'était un objet bien autrement à considérer que M``me`` sa femme, et je ne crains pas de vous dire que, parmi toutes les choses à remarquer dans leur manufacture des glaces, il n'était pas de machine ou d'ustensile aussi curieux que M. Geoffrin. Son père était un tisserand d'Epinay-sur-Orge, et quand on se demandait à quoi pouvait tenir la suffisance et l'étrange raideur de la femme: — C'est qu'elle a avalé la quenouille de sa belle-mère, répondait la Maréchale de Luxembourg. On disait d'elle à M``me`` de Lauzun qu'elle était commune *comme des pommes*. — Ne croyez pas ceci, mon enfant, reprit sa grand'mère (la Maréchale) : cela pourrait vous donner l'idée d'une certaine élégance naturelle ; elle est commune *comme des choux*. Ladite M``me`` Geoffrin ne savait pas un seul mot d'orthographe, et pas même ce qu'on ne saurait manquer d'en apprendre à la suite d'un peu de lecture. Elle écrivait Troyes en Champagne au moyen du chiffre 3. — Pourquoi ne dirait-on pas tout aussi bien des zaricots que des artichauds? répondit-elle aigrement à Marmontel; et, quant à votre mercuriale sur *les navais*, vous me la donnez belle! Ne voudriez vous point que j'écrive des navois, comme au temps de Jean de Wert? Apprenez que j'ai prise et que je veux garder toujours l'orthographe de Monsieur de Voltaire!

Le plus illustre de ses anciens familiers avait été M. de Montesquieu, qu'elle appelait toujours le Président *chose*, parce qu'il ne pouvait jamais trouver aucun nom propre, et qu'il employait continuellement le mot chose en matière de désignation nominale. Elle racontait qu'en arrivant un jour de Versailles et lui rapportant je ne sais quelle nouvelle, il avait dit chez elle, en présence de M. le Contrôleur-Général : — Oh! la chose est certaine, en vérité! car je la tiens directement de la grande chose, qui la tenait apparemment du vieux chose... Allons donc !... l'ancien précepteur du... chose. Et c'était du Cardinal de Fleury, précepteur du Roi, qu'il voulait parler. Ses autres habitués étaient des aigrefins plutôt que des gens du monde, et des écrivassiers plutôt que de véritables littérateurs. Il est vrai qu'elle avait pour eux des attentions infinies et qu'ils ont été bien payés pour bien parler d'elle. C'est à cela qu'elle employait ses 72,000 liv. de rentes, mais chacun disait que sa table était si mal servie qu'on n'y pouvait manger de rien.

Elle se faisait amener des étrangers tant qu'on en trouvait, mais Walpole disait que la plupart des Anglais ne pouvaient tenir chez elle, à cause de cette fumée d'encens, et d'encens grossier, dans laquelle on respirait si péniblement pour peu qu'on eût quelque délicatesse dans la constitution naturelle ou dans les habitudes, et il ajoutait que les nausées, l'étouffement et la suffocation lui prenaient toujours aussitôt qu'il entrait dans cette atmosphère de lourde flatterie. Il racontait notamment qu'à propos de la mort de l'Amiral Bing, M¹ᵐᵉ Geoffrin s'était mise à dire avec un air d'expérience et d'érudition : — C'est absolument comme ce roi de Portugal qui fit expédier un brevet de généralissime de ses armées à *saint Antoine de Padoue*. Walpole s'apprêtait à lui demander ce qu'elle voulait dire, quand tout le monde se prit à crier : — Bravo, maman Geoffrin ! Bravo ! c'est un mot sublime ! Elle est charmante ! elle a toujours raison, maman Geoffrin ; elle est incomparable ! Et puis on se mit à commenter cette citation de maman Geoffrin, dont on donnait connaissance à tous ceux qui survenaient, ce qui dura toute la soirée, avec un grand concert de louanges et d'applaudissemens. Volontaire ainsi qu'était Walpole, il se plaignait aussi de ce que maman Geoffrin voulait absolument lui faire adopter ses marchands, ses fournisseurs, et jusqu'à son médecin qui était un Écossais nommé Tulloc. — Qu'est-ce que vous avez à dire contre le docteur ? Est-ce que la faculté d'Édimbourg n'a pas toujours été la première de l'Europe ? — Allons donc ! lui répondait Walpole ; au rapport de Scaliger, il n'y avait dans toute l'Écosse, en 1607, qu'un seul médecin, qui était celui de la Reine, et qui était un Français. Il y avait pour Esculape indigène un menuisier, qui saignait tous les bourgeois d'Édimbourg et tous les paysans de la banlieue ; l'affluence des malades était quelquefois si désordonnée devant la boutique de cet homme, que les hallebardiers et les trabans à la cour allaient les disperser en les assommant de coups de bâtons ferrés. Voyez la belle école de médecine ! Walpole aurait pu dire aussi qu'en Angleterre il n'y avait alors que trois médecins, savoir : un Italien, fort habile homme, *et deux ânes anglais, superbes à plaisir et mortellement téméraires* ; le tout suivant Scaliger.

Il y avait au nombre des favoris de Mᵐᵉ Geoffrin un pauvre gentilhomme polonais qui s'était réfugié à Paris pour esquiver ses créanciers, et qui s'appelait le Comte Poniatowski (son digne fils a été élu Roi de Pologne), lequel Poniatowski voulait toujours connaître et croyait toujours reconnaître tout le monde. — M. Danchet, disait-il un jour à ce rimeur, j'avais déjà l'honneur de vous connaître, et je vous ai certainement vu quelque part. On découvrit que c'était dans les épigrammes de J.-B. Rousseau (1). Et, comme il recherchait une autre fois dans quelle maison il avait déjà vu le Président Molé, il se trouva que c'était à la Fête-Dieu des Gobelins, sur une tapisserie. — Dites-moi donc, ma chère Mᵐᵉ Geoffrin, lui demandait un jour le Chevalier Rutlidge qui revenait des Indes, dites-moi donc ce que vous avez fait d'un gros bonhomme à qui personne ne parlait et qui mangeait sans rien dire au bout de votre table. Je ne le vois plus chez vous et je n'ai jamais su qui c'était. Elle lui répondit : — *C'était mon mari ; il est mort.*

Quant à ce mari de l'illustre Mᵐᵉ Geoffrin, il est assez connu qu'il ne lisait autre chose que le dic-

---

(1) « Je te vois, innocent Danchet,
   « Grands yeux ouverts, bouche béante.

tionnaire de Bayle, et les deux colonnes à la suite sans avoir égard à cette barre qui divise les pages, d'où venait qu'il y rencontrait des obscurités impénétrables. Mais ceci ne l'empêchait pas de recommencer la même lecture aussitôt qu'il avait achevé le dernier volume ; il observait seulement que ce livre philosophique était rempli de choses incompréhensibles, avec des répétitions à n'en pas finir. Il avait vu dans la gazette que le Roi de Prusse avait pris perruque, en Moravie. — Il n'y a pas, disait-il, une seule carte de ces pays-là qui vaille, et *Perruque* ne s'y trouve marqué dans aucun endroit. — Suivez-y le cours des rivières et cherchez sur la *Vuque*, lui dit Mme de Tencin ; ce qui me fait souvenir qu'à l'occasion du retour de M. de la Fayette et de son ordre américain de Cincinnatus, l'Abbé d'Espagnac avait demandé : — Quel est donc ce saint-là ? Votre père lui répondit que c'était un Bienheureux de la même légende et du même calendrier que Ceinturon.

M. Geoffrin vint annoncer un jour à Mme Geoffrin qu'on avait surpris le grand bassin des Tuileries dans le lit de la rivière. — Attendez donc, lui répondit-elle, je vois ce qu'on a voulu vous dire, et ce sera sans doute une allusion malicieuse à ce capucin qui vient de se noyer en traversant le jardin des Tuileries par le brouillard. Il avait marché sur sa robe et s'était fendu la tête en tombant sur le rebord de ce grand bassin, de sorte qu'il s'est noyé sans se douter de rien, comme il aurait fait dans son crachat, le pauvre bonhomme ; et ce qu'il y a de curieux, c'est qu'il arrivait de faire le tour du monde en qualité de Missionnaire et d'Aumônier d'un Amiral espagnol. Elle avait des explications pareilles à donner sur toutes choses, ce qui faisait dire à M. de la Ferté-Imbault qu'elle avait réponse à tout, hormis à *qui va là?* En lisant un jour une gazette, ou les premières lignes des trois colonnes de je ne sais quel dictionnaire, M. Geoffrin découvrit que la sœur de Madame la Dauphine avait un prénom ridicule; et quand on le fit s'en expliquer, il se trouva qu'au lieu d'ALBERTINE, il avait lu LIBERTINE. C'était, du reste, un très bon homme; il était patient, infatigable; il vivait de peu; j'avais dit de M. Geoffrin qu'il avait toutes les vertus de l'âne (1).

Je ne vous ai rien dit non plus de Madame du Boccage, auteur de la Colombiade, et non plus de notre ami, le Comte de Turpin, traducteur des Commentaires de César. Commençons par le Comte, et puis je vous dirai quelques mots sur notre bergère Doricléa : c'est le nom sous lequel Mme du Boccage avait été reçue à l'Académie des Arcades de Rome.

Le Cte de Turpin de Crissé, lieutenant général, et connu sous le nom du beau Turpin (2), était un

---

(1) Mme Geoffrin vient d'aller à Varsovie pour y faire une visite à ce roi Poniatowski à qui jadis elle avait prêté quelques milliers de francs pour l'empêcher de rester en prison. Quelle élection dérisoire et quelle promotion scandaleuse! Une créature de la Czarine Catherine d'Anhalt, un protégé de Mme Geoffrin née Rodet! Triste couronne des vieux Jagellons et malheureuse Pologne! (*Note de l'Auteur.*)

(2) Lancelot Turpin des Sires de Crissé, Comte de Janzey, Vicomte et Baron d'Ingrande, Esgligny, Nonancourt et autres lieux, inspecteur général des hussards et Mestre de camp du

homme remarquable par ses talens militaires, son caractère emporté, son esprit naturel et ses bizarreries. Il se piquait d'une grande franchise, avec les ministres surtout, mais cette franchise dégénérait souvent en brusquerie pour ses égaux et même en propos tellement offensans qu'il en résultait des querelles et des duels interminables. Toutefois la grande naissance et le vrai mérite de M. de Turpin, son dévouement au Roi, sa générosité, sa belle et noble figure, sa force remarquable, et ses succès à la guerre ainsi qu'auprès des dames, l'avaient placé dans le monde à la tête de ce qu'il y avait eu de plus brillant et de plus recherché. On racontait de sa jeunesse une quantité d'aventures plus folles et plus hardies l'une que l'autre; il s'en était toujours tiré avec bonheur; et, si les rieurs étaient restés de son côté, il n'en avait pas toujours été ainsi pour la raison ni le bon droit.

Louis XV aimait beaucoup le Comte de Turpin, et S. M. s'était arrêtée chez lui (à Esgligny) pendant quelques heures au retour d'une partie de chasse. Il examinait de la terrasse du château les prairies qui s'étendaient à perte de vue, et S. M. louait grandement la beauté des bestiaux nombreux qu'on voyait dispersés sur ce pâturage. — Ah! oui, dit le Comte de Turpin, mes vaches mangent

---

régiment de Turpin, grand'croix de l'ordre de Saint-Louis, etc. Étant veuf de Gabrielle de Lusignan-Lezay, morte en 1755, il avait épousé, en 1759, Bénédicte-Sophie de Loëwendall, fille aînée de Waldemar, Comte de Loëvendall et de l'Empire, Maréchal de France et Chevalier des ordres du Roi.

(*Note de l'Auteur.*)

mon herbe, mais elles me donnent du lait excellent, du fumier et ma provision de fromage ; différentes en cela de certaines bêtes qui vivent aux dépens de Votre Majesté, et qui ne lui rapportent rien.

Le Comte de Turpin avait pris en aversion à peu près tous les ministres du Roi Louis XVI, et surtout M. Necker ; tous ses gens partageaient la malveillance du maître, ainsi qu'il arrive souvent, et son cocher ne manquait jamais l'occasion de passer ou de couper la voiture de ce contrôleur. Un soir, et c'était sur la route de Versailles, le malin cocher reconnaît le carrosse de M. Necker, et prend si bien son temps qu'il l'accroche avec violence. Le ministre, furieux de ce choc inattendu, s'élance à sa portière, et demande avec vivacité quel est le maladroit qui se permet une telle insolence, et si l'on n'a pas vu ses lanternes. — *On les a prises pour des vessies*, lui répondit M. de Turpin en levant la glace de sa voiture. Le ministre, qui reconnut le vieux Comte, s'enfonça dans sa berline et ne parla de rien.

Il était toujours fort occupé de sa traduction des Commentaires de César sur l'art de la guerre ; ce travail employait la meilleure partie de ses matinées ; et puis, comme de juste, il y pensait continuellement le reste du jour, tellement qu'il en parlait à ses amis, aux indifférens, et surtout à son fils, qui, respectueusement soumis, écoutait paisiblement les commentaires sur les Commentaires, tout en trouvant quelquefois les digressions un peu longues. Cependant, quoiqu'il fût déjà marié et qu'il fût à son ménage à l'autre bout de Paris, le Marquis de Turpin venait régulièrement voir son père à la fin de chaque matinée, espérant toujours que quelque visite pourrait le faire sortir d'embarras en lui sauvant la lecture d'un nouveau chapitre de Jules-César.

Un jour il arrive au moment où le valet de chambre de son père faisait les apprêts de sa barbe ; et, tout en se laissant savonner le menton, le vieux général gronde un peu son fils d'être arrivé si tard, car il aurait pu lui lire le chapitre des catapultes qu'il avait terminé la veille, et dont il était persuadé que le Marquis aurait été pleinement satisfait ; le jeune homme regretta de n'avoir pu sortir plus tôt, la partie fut remise au lendemain. — Mais si tu voulais attendre un quart d'heure, ma barbe sera bientôt faite, et je te lirais mon chapitre. — Mais, mon père, c'est que M. de Gontaut m'attend aux Champs-Élysées, où nous devons monter à cheval à trois heures. — Eh bien donc, soit pour demain... Mais en regardant fixement son fils : — Mon ami, vous n'avez pas fait votre barbe aujourd'hui. Comment osez-vous sortir ainsi? Je ne veux pas que vous vous fassiez voir avec une barbe de la veille, ainsi qu'un bourgeois ! Otez votre cravate, mettez-vous à ma place, et Francisque va vous raser ; pendant ce temps-là je vous lirai mon chapitre sur l'emploi de la catapulte et du bélier dans les opérations obsidionales.

Voici maintenant quelques lignes de biographie sur « Honorable et scientifique personne Marie-
« Anne-Éléonore Le Page de Mautort, membre de
« l'Académie des Arcades de Rome et de celle des
« Jeux floraux de Toulouse, veuve d'Honorable

« homme Henri Ficquet, Sieur du Boccage, et
« Franc-Bourgeois de Rouen, l'un des Custodes
« héréditaires et porteurs des reliques de Saint-
« Ouen, Marguillier-né de ladite église, Receveur
« des tailles de la ville de Dieppe, et depuis, vivant
« noblement de ses biens et rentes en celle de Pa-
« ris. » Vous voudrez bien remarquer que les
bourgeois notables ont leur protocole aussi régulièrement tracé et tout aussi rigoureusement suivi que celui des plus grands seigneurs (1).

A cela près de son esprit supérieur et de sa parfaite beauté, Mme du Boccage n'avait certainement aucun rapport avec le traducteur des Commentaires, à côté de qui je l'ai placée sans savoir pourquoi. Elle n'a rien de belligérant ni de stratégique, et c'est assurément la plus candide et la plus paisible bergère de l'Arcadie romaine.

Voltaire lui mandait un jour que les lettres qu'elle écrivait étaient bien supérieures à celles de Miladi Montaigu, ce qui n'était pas lui faire un grand compliment; il aurait pu mieux dire, et je

---

(1) Ils ont presque tous des armoiries, en vertu de quelque charge éligible et municipale qui aurait conféré certains privilèges de la noblesse à quelqu'un de leurs auteurs. Il est vrai qu'on reconnaît aisément ces armoiries, qui ne sont presque jamais composées suivant les règles héraldiques, attendu que M. le juge-d'armes de la Noblesse de France ne veut pas s'en mêler. Il se contente de leur décocher une ordonnance de réforme ou d'interdiction lorsqu'elles se produisent en similitude avec les armes d'une ancienne famille. On y voit souvent des *rébus* à fond bleu, et le plus souvent une profusion de ces pauvres petites pièces qui mettent la Marquise de L.hospital en si méchante humeur. (*Note de l'Auteur.*)

vous assure qu'après les lettres de Mme de Sévigné et de Mme de Maintenon, je n'en ai jamais lu de plus spirituellement judicieuses et dont la lecture m'ait paru plus attrayante que celles de Mme du Boccage. La plupart de ses ouvrages ont été traduits en italien, en espagnol, en anglais, en allemand, et, qui plus est, en polonais; mais ses lettres écrites de Rome ont toujours été, suivant moi du moins, sa meilleure composition littéraire, et je ne doute pas que la postérité ne les considère avec une grande distinction.

Il y a de fort belles choses dans sa Colombiade; il y a du talent et de nobles pensées bien rendues dans sa tragédie des Amazones et dans son poëme d'Abel; il y a surtout dans tous les ouvrages de cette illustre personne une expression de simplesse admirable et de modestie charmante; il y règne un parfum de dignité vertueuse et polie qui fait respecter l'auteur et qui le fait aimer; il me semble qu'avec un cœur honnête et pur on ne saurait lire Mme du Boccage sans éprouver un sentiment de véritable affection pour une femme aussi naturellement gracieuse : *gracieuse* et *naturelle* à la mode du temps, bien entendu ; vous voudrez bien nous passer la *houlette* et la *coudrette*.

Fontenelle disait qu'elle était comme une belle montre bien réglée, dont l'intérieur agit avec une rectitude parfaite, et dont le cadran, non plus que la boîte émaillée de fleurs, ne laisse jamais apercevoir aucune agitation.

— Pourquoi ne parleriez-vous pas aussi, lui dit Voltaire, de ces deux trous pour la clef de montre, avec des pivots en diamant? Ce serait pour les yeux.

— Oh! je n'ai pas le génie des allusions métaphoriques à ce point-là; mais je vous connais, lui répliqua Fontenelle : vous n'allez pas manquer de m'attribuer cette belle hyperbole, et vous allez dire partout que j'ai comparé les beaux yeux de Mme du Boccage à deux trous dans une montre. Ce ne sera pas la première galanterie de ce genre-là que vous m'aurez faite ; mais ne vous en gênez pas, disposez de la réputation de mon peu d'esprit ; il est au service du vôtre, et je vous baise les mains en toute humilité.

On ne saurait s'imaginer combien Voltaire était importuné, jaloux et malheureux de la gloire de Fontenelle. Hélas! il en est de la renommée de Fontenelle aujourd'hui comme de celle de Mme du Boccage, et je pense bien que la gloire de Voltaire sombrera sous voiles au bout de quelque cinquantaine après son décès. Rien n'est stable ici-bas, hormis l'instabilité, a dit l'apôtre saint Jacques.

Mme du Boccage a vécu pendant quarante ans sur un piédestal et sous un dais, au sommet du Parnasse, au milieu d'un nuage d'encens pindarique. Elle a toujours vécu dans cet empyrée d'adulations universelles ainsi que M. de Marigny pendant la faveur de Mme de Pompadour, c'est-à-dire avec une simplicité toute modeste et quasi craintive. On disait alors qu'ils s'aimaient beaucoup, un peu trop peut-être ; et, quoi qu'il en fût, personne ne les a connus sans les aimer et les estimer, sinon pourtant votre tante du Guesclin, qui me reprochait toujours mon indulgence à cette occasion-là. — Mais c'est vous qui faites du scandale et qui péchez, lui disais-je ; et, quand on n'aperçoit rien de répréhensible, c'est la réprobation qui scandalise et qui se tourne en péché mortel, à ce que dit Tertullien. Mon Dieu ! c'était une sainte femme (cette Comtesse), et je n'en disconviens point, mais c'était une sèche et revêche personne ! Imaginez qu'elle avait refusé de marier sa fille, aujourd'hui Mme de Gèvres, avec le Marquis de Sesmaisons (1), parce qu'il avait fait (quatre ans passés) des amourettes avec la demoiselle Camargot, dont je vous parlerai tout à l'heure ; et de plus encore elle avait refusé de rendre le salut à Mme de la Tournelle, au château de Bellevue, dans le propre salon de MESDAMES !... Que voulez-vous, mon enfant ? les dévotes ont la tache originelle aussi bien que les autres, et tout ce que la piété peut faire de mieux sur nos défauts naturels, qu'elle ne saurait dénaturer, c'est de les atténuer. Celui qui a voulu que la chenille naquît sur les fleurs a permis que l'austérité produisît l'intolérance, et quelquefois la pruderie, ce que j'aime encore moins.

(1) C'était le père du Comte et du Vicomte de Sesmaisons d'aujourd'hui, lequel avait épousé Mlle de Solar-Lafontaine, qui, ce me semble, devait être la nièce du Bailly de Solar, Ambassadeur du Roi de Sardaigne à Paris. Ce sont des gens de qualité. Chérin parlait toujours de je ne sais quel testament d'un Duc de Bretagne qui lègue une terre à un de leurs ancêtres avec cette clause latine NE TANTA DOMUS PEREAT, et c'est de là qu'ils ont pris la devise de leurs armes. J'aurai souvent l'occasion de vous reparler de ces deux aimables frères.

(*Note de l'Auteur.*)

Mme du Boccage avait inspiré la passion la plus violente à l'auteur de Manon Lescaut, l'Abbé Prévost d'Exiles, qu'elle ne pouvait endurer ni souffrir à titre d'amoureux ; et c'est, je crois bien, le seul personnage qui se soit jamais permis de mauvais propos contre elle. J'ai rencontré deux ou trois fois pendant ma vie cet Abbé Prévost, lequel, au reste, vivait assez tristement et n'allait guère autre part que chez ses deux amis M. Riquet de Caraman et M. Huguet de Sémonville, conseillers à la table de marbre et grands protecteurs de la littérature au rabais. C'était un gros homme à figure sombre, avec une voix lugubre ; il était assez bien vêtu pour un auteur de son temps. On racontait de lui des choses étranges, et notamment qu'il mangeait du tabac d'Espagne avec le melon, ce que faisait toujours la douairière d'Orléans, et ce que j'ai vu faire, au surplus, à M. le Maréchal de Saxe, au fameux repas qui lui fut donné par les gens de l'Hôtel-de-Ville de Paris après la bataille de Raucoux. Je n'ai jamais ouï dire de l'Abbé Prévost qu'il eût tué son père, soit par inadvertance ou soit autrement, et, d'après les éclats d'hostilité qu'on entendait bruire incessamment contre lui, je crois bien qu'on n'aurait pas manqué de lui reprocher un pareil méfait s'il en avait été coupable. Tout ce que je sais de plus calamiteux sur l'Abbé Prévost, c'est qu'il est mort d'une horrible manière. Il avait été saisi d'apoplexie dans le bourg de Royaumont, non loin de Chantilly ; il fut transporté chez le curé du village, où le Baillif des Moines arriva pour instrumenter de sa profession, et d'où ce justicier de malheur envoya requérir le chirurgien de l'abbaye pour venir procéder à l'ouverture du corps, afin qu'il ne manquât rien à la perfection de son procès-verbal. Il n'était pas mort et mourut sous le scalpel. Il y avait toujours eu quelque chose de cela dans sa physionomie de ce malheureux homme, dans ses regards sinistres et dans sa voix sourdement lamentable. Quant à la demoiselle Camargot, danseuse de l'Opéra, je vous dirai qu'on avait prodigieusement parlé d'elle à propos de Mme du Boccage, à qui cette fille avait fait une rude impertinence en allant s'asseoir à côté d'elle, à l'Académie française, un jour de la Saint-Louis, où l'on espérait voir arriver le Cardinal Passionnéi, qui n'y vint pas, attendu qu'il était mort le matin. La situation de Mme du Boccage était si pénible, elle en parut si troublée, et le scandale en fut si grand que M. le Maréchal de Bellisle alla lui donner la main pour la conduire (à défaut d'autres places) au fauteuil vacant de l'Évêque de Senlis, où cette dame, après force révérences, eut l'insigne honneur de siéger parmi les quarante immortels, entre MM. de Nivernais et Bitaubé. Elle en parlait toujours avec un air d'humilité bienséante et de reconnaissance infinie pour MM. les Académiciens. Les *Nouvelles à la main* ont assez parlé de cette aventure et de la demoiselle Camargot, qui, du reste, n'en fut pas moins embarrassée que Mme du Boccage et ne s'en consola jamais. Au bout de quelques mois elle fut obligée de quitter le théâtre, où elle ne pouvait plus se montrer sans être sifflée. On a toujours parlé de Mlle Camargot comme étant la première personne qui se soit avisée de porter des souliers sans talons; et, du reste, on dit qu'elle avait fini par aller s'enfermer aux Filles-Repenties de la rue Saint-Jacques (1).

(1) Marianne Cupie, née à Bruxelles vers 1708, morte au couvent des Dames-Saint-Michel en 1770. Dernièrement un collecteur d'autographes a trouvé bon de nous présenter le père de Mlle Camargot comme un gentilhomme français et même un Baron de Basse-Bretagne, où personne n'a jamais ouï parler de la baronnie de Camargo, tandis que c'était un ancien maître de danse flamand appelé Just Cupie, dit Camargot et non pas Camargo, lequel avait été condamné, pour avoir volé de l'argenterie chez le Marquis d'Asche à Bruxelles, au bannissement perpétuel après six mois de prison, par sentence du conseil supérieur de Brabant en date du 14 mars 1729. (Voyez *Biographie des Artistes belges*, pag. 163)

(*Note de l'Éditeur.*)

CHAPITRE III.

Voltaire. — Origine de sa fortune. — Son envie d'être Marquis de Ferney. — Lettre de Voltaire à Mme de Créquy. — Réponse de l'auteur. — Placet de Voltaire afin d'obtenir le cordon noir ou la croix de Saint-Lazare. — Le jeune Duc du Châtelet. — Visite à Ferney. — Lettre du Marquis de Créquy à sa mère. — Mme de Blot à Ferney. — Anecdotes contées par Voltaire et rapportées par M. de Créquy. — Provocation philosophique à des Genevoises.

Les personnes qui ont écrit la philosophique histoire de M. de Voltaire ont négligé de recueillir ou n'ont pas voulu publier certains détails de sa vie privée, dans lesquels je vais entrer pour suppléer à leur insuffisance ou leur silence obligeant. Je ne le suivrai pas dans toutes ses agitations en France et ses migrations à l'étranger; on a tout dit sur ses voyages à la cour de Nancy, en Angleterre, et auprès de ce Roi de Prusse auquel il a prodigué tant de flatteries et tant d'insultes, suivant les temps ; mais j'ai su par MM. de Richelieu, de Breteuil et du Châtelet certaines choses que personne ne savait ou n'a voulu dire, et les voici.

Voltaire avait eu de la succession de son père environ dix-huit mille livres de rente, savoir : deux mille écus par deux maisons rue Saint-Antoine, et le reste en obligations sur la ville et sur le clergé. Jusqu'à ce qu'il fût devenu riche, il avait prodigieusement aimé l'argent, et, contre l'ordinaire des personnes et des choses de ce monde (à l'exception des vins méridionaux), il était devenu généreux en vieillissant. Comme il avait toujours eu de l'attrait pour les gens en crédit et pour les bonnes compagnies, il avait eu des relations les plus distinguées possible; il avait toujours employé ses amis à l'augmentation de sa fortune; il avait toujours fait agir les amis de ses amis dans l'intérêt de ses finances; et pendant trente ans de sa vie on n'a jamais entendu parler de la nouvelle promotion d'un fermier-général sans entendre dire aussi que Voltaire avait fait solliciter un intérêt dans sa ferme. On a dit qu'il avait dû la plus grande partie de sa fortune aux frères Pâris, et je ne le crois pas. Le Marquis de Breteuil a calculé devant moi que leur opération sur les fournitures de 1747 à 1749, où Voltaire était intéressé pour un 92me, avait dû lui rapporter tout au plus 60 mille livres; mais le Marquis du Châtelet et le Maréchal de Richelieu m'ont dit cent fois que la part qu'ils avaient fait avoir à Voltaire dans les recettes et les profits de MM. de la Poupelinière et Challut avait dû lui rendre plus de quinze cent mille francs.

Il a dit au vieux M. du Châtelet que, lorsqu'il avait pris le parti de se qualifier Sieur de Voltaire, c'était qu'il n'aurait pas eu le moyen d'acheter une terre qui pût lui donner un autre nom précédé d'un article, parce que sa mère, à laquelle il payait un douaire avec une pension de 4 mille francs, vivait encore. Son nom de famille, qui lui paraissait ignoble et déplaisant, avait fini par lui devenir insupportable. Il n'avait trouvé qu'une manière et qu'une seule occasion pour s'en délivrer, c'était en acquérant un petit fief de la vicomté de Paris; mais, comme le nom de ce lieu féodal était Bouprupt-en-Josas, il s'était enfui de chez le notaire où se faisait la vente aussitôt qu'il avait ouï proférer cet horrible nom. Celui de Veautaire, dont il a fait Voltaire à raison de l'euphonie, est le nom d'une petite ferme située dans la paroisse d'Asnières-sur-Oise, à dix lieues de Paris. Il en avait hérité d'un sien cousin nommé Gramichel; et, bien que ce domaine ne fût nullement seigneurial et qu'il ne rapportât que deux cents livres, il n'hésita pas à en prendre le nom, au mépris de celui d'Arouet dont il était excédé.

— *Arouet! indigne et misérable nom!* disait-il un jour en présence de M. Clairaut; et notez que c'était en menaçant les cieux d'un regard de colère et du poing fermé, comme un homme en délire.

Les notaires de Paris disent toujours que, pour les seigneuries en Ile-de-France, il y a différence de moitié prix suivant que le nom du fief est plus ou moins élégant; et ceci me rappelle que M. de Penthièvre n'a jamais pu réussir à se défaire de la seigneurie de ses bourgs de Villejuif et de Lonjumeau, dont il aurait voulu se débarrasser parce qu'ils ne lui tiennent à rien (ils ne sont pas mouvans de sa châtellenie de Sceaux; je crois même qu'ils relèvent de l'abbaye de Sainte-Geneviève, et que ce Prince ne voulait pas s'y trouver dominé par un Abbé).

— Il serait joliment agréable de se faire annoncer Monsieur et Madame de Lonjumeau ou de Villejuif! disaient les chercheurs de fiefs, ambitieux d'acquérir un nom sonore ; et toujours est-il qu'on n'a jamais pu trouver bon marchand pour ces deux seigneuries, par cette raison-là.

Je ne sais comment il se fait qu'à l'exception de Chatou, de Pantin et quelques autres vilains noms en très petit nombre, tous les villages ou seigneuries de la capitainerie du Louvre et de la prévôté du Châtelet portent des noms charmans. Il n'est rien de si joli que Luciennes, Amécour, Argenteuil et Virofley, Montfermeil, Argilliers, Romainville, et tous ces autres noms de la banlieue de Paris, qu'on dirait avoir été formés pour la satisfaction de l'oreille et des yeux, à l'usage d'une Princesse ou d'une favorite, ou par un poëte amoureux de quelque nymphe de la Seine. Je me suis dit quelquefois qu'il ne serait pas impossible que la douceur de l'idiome aulique et la politesse du langage à la cour de France eussent influé sur l'élégance et l'aménité de ces appellations les plus voisines de Paris.

Aussitôt que M. de Voltaire est devenu gentilhomme *ordinaire* de la chambre du Roi (par la grâce de Mme de Pompadour, en conséquence et récompense d'une épître dédicatoire), il a joui des priviléges de la noblesse et pris la qualification d'Écuyer, avec des armoiries *à fond noir* (il avait entendu professer Mme de Lhospital, et pour aller s'armer de quelque rébus en champ d'azur, il avait trop de finesse dans le tact et faisait trop bien ses petites affaires), une simple barre, en effigie d'un coup d'estoc sur un bouclier. On aurait dit un écu du temps des Albigeois ; rien n'était si noblement sévère et de plus franc gothique.

Lorsque M. de Voltaire est revenu de Berlin, ayant été Chambellan du grand Frédéric et Chevalier de son Aigle-Rouge, il a voulu devenir Seigneur de paroisse, et, suivant son droit seigneurial, il a fait peindre ses armoiries sur deux litres blanches en quarante-huit places, à l'extérieur et l'intérieur de *son église* de Ferney, sans préjudice au pourtour de son colombier féodal, ainsi qu'à la barrière de son audience. Sa terre de Ferney n'avait que les droits de moyenne justice et de simple coutume; mais il se jugeait en grande situation nobiliaire; et le voilà qui s'avise de nous écrire inopinément à M. de Richelieu, mon neveu du Châtelet et moi, pour nous prier de faire ériger sa terre en marquisat.

« La faveur en question ferait la gloire et le bon-
« heur de ma triste vie, Madame; vous connaissez les
« tribulations qui m'accablent et les calomnies qui me
« poursuivent. Je ne sais plus s'il me sera possible de
« me montrer dans les rues de Genève, où j'aurais besoin
« d'aller pour consulter M. Tronchin sur ma santé!
« M. Rousseau y a suscité contre moi le zèle de plusieurs
« magistrats fanatiques et d'un grand nombre de farou-
« ches citoyens, en leur disant qu'ils ne devaient pas
« souffrir, malgré la loi, qu'un catholique eût l'air de
« s'immiscer dans leurs affaires et de s'impatroniser sur
« leur territoire. Je ne vous parlerai pas des calomnies
« dont il me charge auprès de Monseigneur le prince de
« Conti, de Madame la Duchesse de Luxembourg, au-
« près de vous peut-être, Madame, et c'est pourquoi
« j'en appelle à vos bontés pour me dédommager de sa
« noire ingratitude, pour effacer la trace de toutes les
« persécutions qu'il m'a suscitées depuis quatre années.
« Voilà, Madame, où m'a conduit ma bienveillance pour

« cet homme, et tel est le prix de l'offre que je lui avais
« faite de lui donner en pur don ma maison de l'Her-
« mitage, qui se trouve entre Tourney et Ferney. On
« saura bientôt de quelle reconnaissance il a payé les
« services de M. Grimm, de M. Helvétius, de M. Di-
« derot, de M. Hume et de M. d'Alembert, que vous
« n'aimez pas infiniment, je le sais, et dont je connais
« les inconvéniens mieux que personne, mais qui n'en
» ont pas moins été pour lui la bienveillance et l'obli-
» geance mêmes. Nous avons eu ici le mariage de
« M. de Florian; nous aurons bientôt celui de M. le
« Marquis de Villette, je dis Marquis, Madame ; car,
« plus heureux que moi, qui n'ai pas sans doute autant
« de mérite que lui, mais dont la fortune et la nais-
« sance ne sont pas au-dessous des siennes, il a une
« terre érigée en marquisat, par le Roi, pour lui, comme
« seigneur de sept grosses paroisses et comme au temps
« de la chevalerie, ce que je pourrais, sans aucun
« doute, effectuer tout aussi bien que M. de Villette et
« sans causer plus de surprise que lui. Il est possesseur
« de quarante mille écus de rente qu'il va partager avec
« Mademoiselle de Varicourt, qui demeure chez Madame
« Denys. Cette jeune personne lui apporte en échange
« dix-sept ans, de la naissance, de la piété, de la pru-
« dence et des grâces. Vous trouverez sûrement que
« M. de Villette fait un excellent marché. Cet événement
« égaie un peu ma vieillesse et mes souffrances. Ce
« Rousseau me tue, Madame! Ayez la bonté de brûler
« ces paperasses, de peur qu'on ne m'y voie trop en laid
« ou trop en négligé. Je vous adore et vous implore
« avec une vénération que je renonce à vous exprimer.
« Vous êtes un ange de bonté miséricordieuse. Je baise
« le bout de vos ailes, et je les baise à genoux, à deux
« genoux ! — A Ferney, ce 4 novembre. »

VOLTAIRE

Nous fûmes pendant quinze jours à nous rejeter la balle avec le chat aux jambes, pour savoir à qui répondrait au patriarche de Ferney qui voulait devenir marquis. Enfin j'en pris la charge, et, sans entrer dans aucun détail incivil, je lui marquai que M. de Richelieu consentirait à recommander sa requête aussitôt qu'il aurait pu réunir les seigneuries paroissiales exigées par les ordonnances à celle de Ferney dont il demandait l'érection. J'étais bien assurée que sa vie n'y suffirait pas; et c'était, du reste, une folle imagination dont il revint tout naturellement dès qu'il ne se trouva plus obsédé par la vision continuelle de cette couronne de marquis de M. de Villette, lequel avait ramené sa femme à Paris. Il fut environ deux mois sans nous écrire; ensuite de quoi mon neveu du Châtelet reçut une épitre de ce grand philosophe avec un placet pour obtenir le collier de l'ordre de Saint-Michel, et toujours à cause des consolations dont il avait besoin pour opposer aux persécutions de Jean-Jacques Rousseau. Une persécution plus véritable était celle qu'il exerça six mois durant contre le Duc du Châtelet.—Ma tante! je vous apporte encore une lettre de Voltaire, et savez-vous ce qu'il demande pour aujourd'hui? La croix de Saint-Lazare, avec une dispense de quarante ans pour établir ses preuves. Qu'est-ce que nous allons faire? — Il faut s'en divertir, mon enfant. Démocrite a dit que la meilleure manière de philosopher est de se moquer des philosophes.

Mon fils avait été forcé d'aller à Besançon pour un procès avec les Ducs de Wurtemberg, au sujet de l'héritage des Coligny : il imagina d'aller faire une visite à Voltaire, et voici comment il m'écrivit pour me tranquilliser sur la santé de ce vénérable écrivain :

« Rassurez-vous, Madame, sur les inquiétudes que
« vous avez dû concevoir à l'égard de M. de Voltaire. Ce
« grand homme, accoutumé depuis cinquante ans à dire
« qu'il va mourir et qu'il se meurt, se porte à merveille
« et ne s'est jamais si bien porté. Il dit qu'il est devenu
« sourd et aveugle. Le fait est qu'il y voit assez clair pour
« lire des lettres de Mme de Saint-Julien sans lunettes et
« qu'il a l'ouïe d'une telle finesse qu'il en est dangereux.
« Il est très sec et très ingambe et parfaitement droit. Le
« jour où j'ai eu l'honneur de le voir, car je n'ai pas voulu
« rester à Ferney plus de 24 heures, il avait des souliers
« à talons rouges, des bas de soie blancs roulés sur le
« genou et retenus par des boucles à diamans, une per-
« ruque innocente et naissante en jeunes cheveux blonds
« comme un petit Jésus de cire, enfin des manchettes qui
« lui couvraient toute la main, et du reste, une robe de
« chambre en toile de Perse, à cause de la saison, car il
« est régulier sur cet article. Il m'a fait beaucoup d'excuses
« de n'être pas mieux habillé, mais il n'est jamais autre-
« ment. Il parut à l'entremets. On avait réservé pour lui
« un fauteuil en velours galonné dans le genre du vôtre,
« mais proportions observées, Madame et très chère
« Mère, c'est-à-dire avec les crépines de moins et sans
« panache en haut du dossier. Cet honorable philosophe a
« mangé rondement du rôti, de la truite au bleu, des
« légumes au jus, de la salade, de la pâtisserie, des fruits
« crus, et, qui plus est, de la crème double. Il pétilla du
« plus bel esprit, mais je fus étonné de le trouver empha-
« tique et de ne pas lui retrouver dans la conversation
« cette légèreté cavalière et déterminée qui caractérise si
« naturellement ses écrits. J'avais trouvé là, devinez

« quoi. Mᵐᵉ de Blot, qui vient toucher barre à Ferney
« toutes les fois qu'elle va prendre ces eaux de Savoie où
« Tronchin voudrait envoyer ma femme. Quelle idée,
« quand il y a tant d'eau minérale dans notre pays! Cette
« ineffable et précieuse personne était à Ferney, mille
« fois plus qu'au Palais-Royal encore, superlificoquen-
« tieusement renchérie. On ne comprenait rien du tout à
« son gazouillement, qui participait du serin de Canarie
« et de la bécassine, mais principalement du canarien
« jaune. La santé n'a jamais été le premier des biens pour
« elle, c'est la finesse de la taille. Elle a fini par se déci-
« der à prendre le grand parti de manger pour vivre,
« mais l'estomac s'y refuse par habitude, la jaunisse est en
« permanence et la consomption va son train. Voltaire se
« confondait auprès d'elle en amabilités de toute nature;
« et pour les petites mines et le petit langage de petite co-
« quetterie, je vous assure qu'il n'était guère moins
« étrange que Mᵐᵉ de Blot. Il avait cru que c'était devenu
« d'usage à la cour et à Paris, mais je n'ai pas à me re-
« procher de l'avoir entretenu dans son illusion d'optique.
« Vous savez sa manie pour corriger la langue française,
« et son engouement pour les expressions d'*impasse*, de
« *mois d'Auguste*, etc., qu'il forgées. Ceci causait des
« transports d'enthousiasme à Mᵐᵉ de Blot; et, comme
« on parlait de ces ouragans qui ont rugi et qui ont bou-
« leversé tout ce pays pendant la première quinzaine
« d'août dernier (il faut vous dire que le reste du mois
« a été superbe), je dis, pour dire quelque chose sur ce
« mois d'août :

   « Il n'eût pas eu le nom d'Auguste
   « Sans cet empire heureux et juste
   « Qui fit oublier ses fureurs. »

« Voilà M. de Voltaire qui me saute au col en s'écriant :
« —*Generose puer!* Il est fils de sa mère! il est spirituel,

« aimable, adorable!... et je crus qu'il allait m'étouffer,
« tant il m'étreignait dans ses bras comme ceux d'un
« squelette en fer. Je lui dis : — Monsieur, vous êtes pour
« moi d'une extrême indulgence et d'une parfaite bonté ;
« mais ne continuez pas à dire que je ressemble à ma
« mère, elle s'en fâcherait. Elle a dit à son bon ami le
« Cardinal de Fleury que je ne manquais peut-être pas
« d'esprit, mais que je n'étais pas cet enfant qu'elle avait
« eu dans la tête. — Oh ! c'est bien d'elle ! et je crois
« l'entendre en vous écoutant. Oserais-je vous demander,
« poursuivit-il avec un air sensible et sérieux, si Madame
« votre mère a toujours peur d'être *déshonorée* par un
« Abbé de Breteuil ? Et là-dessus Voltaire m'a dit une
« histoire que vous ne m'aviez jamais contée et que j'ai
« trouvée si curieusement divertissante que j'en ris en-
« core ; il prétendait aussi que vous aviez dit une autre
« fois en soupirant d'un air affligé : — Je suis trop loin
« de Dieu pour que je puisse l'aimer par-dessus toute
« chose, et je vois mon prochain de trop près pour pou-
« voir l'aimer autant que moi-même (1). Il faut avoir
« l'âge de Voltaire et vous avoir connue petite fille pour
« vous avoir ouï dire des choses aussi mal sonnantes aux
« oreilles pieuses. — Monsieur le Marquis, n'allez pas
« croire qu'elle ait toujours été en âge de discrétion : je
« l'ai vue pas plus grande que cela, disait-il en montrant
« le bout de son petit doigt. Après dîner, le seigneur

---

(1) Il n'arrive jamais que Mme de Créquy parle de ses *traits d'esprit* et cite ses propres *bons mots* lorsqu'ils n'entrent pas naturellement dans le cadre de son récit. Cette exclamation sur l'amour de Dieu et du prochain est rapportée dans la correspondance de Grimm, où l'on trouve également plusieurs autres citations de Mme de Créquy, et notamment un fragment d'une de ses lettres à la Maréchale de Noailles. Voici une réponse de cette dame au Roi Louis XV, réponse dont elle ne parle pas

« châtelain nous conduisit dans sa bibliothèque, très vaste,
« fort belle et très bien remplie. Il nous lut des passages
« de quelques livres *rares*, à ce qu'il disait, sur la reli-
« gion, c'est-à-dire contre la religion ; car c'est une lu-
« bie, et il revient sans cesse sur cette matière. On fit
« ensuite des jeux d'esprit ; et pendant qu'on jouait aux
« *définitions*, il y eut de beaux rires à propos d'un jeune
« professeur de Genève à qui on demanda ce que c'était
« que l'amour. Il se recueillit pendant une ou deux
« minutes en comptant sur ses doigts, et puis il nous dit
« que c'était *un mot composé de trois voyelles et de deux
« consonnes*. Ensuite on se mit à conter des histoires de
« brigands et d'assassinats. Chacun ayant eu son tour,
« on engagea M. de Voltaire à conter la sienne. — Je le
« veux bien, dit-il, et d'autant mieux que j'en sais une
« qui est des plus certaines : *Il y avait une fois un fer-
« mier général...* Ma foi ! j'ai oublié le reste, dit-il en
« se levant de siége et courant à la fenêtre. — Arrivez
« donc, Mesdames ! arrivez donc ! s'écria-t-il en regar-
« dant dans la prairie. Voyez un tableau patriarcal !
« voyez la plus belle chose de la création !..... C'était
« un étalon qui faisait des siennes avec une jument
« poulinière. Comment trouvez-vous cette invitation
« philosophique - hippiatrique adressée à Mme de Blot
« qui du reste avait été retenue à sa place par Mme Denys,

dans ses mémoires, et dont ses contemporains avaient conservé le souvenir. Le Roi lui dit un jour en présence du Maréchal de Saxe : — « N'admirez-vous pas les heureux effets de la victoire
« de Fontenoy? le Maréchal avait ses deux jambes horri-
« blement enflées : le voilà revenu dispos, vif et gaillard
« après la bataille. — *M. le Maréchal de Saxe est le premier
« héros que la gloire ait désenflé,* » répondit Mme de Créquy ; et le vainqueur de Fontenoy fut lui baiser les mains d'un air attendri. (MM^{ss} du Ch^{er} Montbarrey.)   (*Note de l'Éditeur.*)

« qui doit connaître son cher oncle? Je ne saurais vous
« peindre la confusion, l'embarras, la consternation des
« autres dames. Heureusement que c'était des Gene-
« voises, et qu'on est toujours réjoui par les chape-
« chutes qui peuvent arriver à ces vilaines pédantes. Je
« n'ai jamais rien vu de si risiblement gourmé que cette
« sorte de créatures-là. M¹ᵉ de Blot se recommande à
« l'honneur de vos bonnes grâces et de votre *amitié*.
« C'est le mot qu'elle a dit, et je l'ai trouvé familier ;
« mais ceci ne vous engage pas à grand'chose : on ne
« parle souvent que pour son auditoire. Permettez-moi
« de vous dire à présent qu'il y avait dans l'état de
« Genève un jeune et bel horloger de cinq pieds dix
« pouces, lequel avait été repris de justice pour avoir
« manqué aux préceptes du Décalogue en ce qui touche
« la fornication, sauf votre respect. Aussitôt que ce cri-
« minel a été sorti de prison, M. de Voltaire l'a fait prier
« de venir à Ferney pour y prendre la direction de sa
« fabrique de montres ; et, à l'arrivée de ce prodigieux
« scélérat, il est allé au-devant de lui jusque sur le
« perron de son château, où il l'a reçu à bras ouverts.
« Il ne l'appelle jamais que *Monsieur le Fornicateur*, et
« c'est toujours avec un air de considération respectueuse.
« Les gens de M. de Voltaire et de Mᵐᵉ Denys avaient
« d'abord imaginé que c'était le titre de quelque emploi
« de la république de Genève, de sorte qu'ils ne l'ap-
« pelaient que M. le Fornicateur, et qu'ils ne disaient
« que M. le Fornicateur en parlant de lui. — Faquins !
« insolens valets ! est-ce que vous prétendez imiter votre
« maître et singer M. de Voltaire? Apprenez que M. de
« la Michodière... mais non, dit-il en s'interrompant et
« pouffant de rire, j'aime mieux leur faire un apologue
« au moyen de l'histoire de M. de Boutteville, à qui ses
« amis avaient donné le surnom de Bacha... Vous saurez
« donc, Messieurs, dit-il à ses domestiques en ôtant son

« bonnet pour les saluer, que M. Beaujon, qui n'en
« savait guère plus que vous, avait adressé la parole à
« M. le Comte de Montmorency-Boutteville en l'appelant
« Monsieur le Bacha. — Monsieur le receveur-général
« des finances, lui répondit ce grand seigneur, ceux
« qui m'appellent *Bacha* ne m'appellent point *Monsieur*,
« et ceux qui doivent m'appeler *Monsieur* ne m'appellent
« jamais *Bacha*.. Allez donner du chenevis à mes perro-
« quets.—Ah! Mesdames! s'est-il écrié d'un air de trans-
« port, quelle admirable ville que celle de Genève! Vous
« donnez à la France un philosophe pour l'éclairer, c'est
« M. Rousseau! un médecin pour la guérir, c'est M. Tron-
« chin! un banquier pour contrôler ses finances, c'est
« M. Necker! Il faut espérer qu'à la mort de l'Archevê-
« que de Paris, on intronisera votre fameux prédicant,
« M. Vernet, dans l'église de Notre-Dame.

« Ce que j'ai pris la liberté de conclure de tout ceci,
« c'est que M. de Voltaire est un vieux enfant »

CHAPITRE IV.

De l'athéisme. — De la superstition chez les incrédules. — De la secte Balsamite. — Le diable aux carrières Montmartre. — Les Ducs de Chartres, de Fronsac et de Lauzun. — Leur aventure dans une caverne. — Accident qui survient au Duc de Chartres. — Bulletin de la santé du prince. — La Comtesse Agnès de Buffon. — Conjuration magique chez le Duc de Chartres. — Consécration sacrilége d'un crapaud. — Le diable au Palais-Royal. — Portrait de Satan. — Stigmates de la foudre. — Révélation funeste. — Le Comte de Cagliostro. — Ses mémoires. — Histoire du Grand-Prieur de Majorque. — Curieux détails sur l'île de Malte aux temps des chevaliers. — Le meurtre. — Le revenant. — La punition. — La pénitence. — La Duchesse de Gèvres. — Le trésor du Plessix. — Les têtes de mort angevines. — La manie des trésors. — Le Comte de Baschy. — Les Beaufort-Turenne. — Le château de Chenonceaux. — Le Marquis de Brunoy. — Mot de Louis XVIII au duc de Wellington. — Le Comte de Caylus. — Les Balsamites. — Assemblée nocturne. — Vision sacrilége. — Mort de M. de Caylus. — Prévision qu'il en avait eue. — Propos sinistre. — Soupçons sur la cause de cet événement.

On a dit avec justice qu'il n'existe pas et qu'il ne saurait exister un seul athée, par la raison que l'athéisme n'est rien du tout, si ce n'est un acte d'orgueil sceptique et de négation renforcée, ce qui ne saurait produire une *conviction*, et par la raison qu'en dehors des croyances établies sur les sciences dogmatiques ou la soumission religieuse, aucune *proposition négative* équivalente à une *affirmation* ne saurait être pourvue d'une autorité décisive, à moins d'être établie sur une *démonstration* mathématique ou sur une expérience physique. Ainsi l'athéisme n'est qu'un doute et ne saurait être une *persuasion*. Il y a dans les dispositions naturelles de l'homme qui ne veut rien croire, ainsi que dans les dispositions naturelles de l'homme de foi, une force d'obligation qui l'entraîne invinciblement à croire quelque chose, j'entends quelque chose d'occulte et de mystérieux. Les hommes ont tellement la conscience de leur infirmité d'origine et de l'existence d'un mauvais principe; ils ont tellement besoin de croire à l'existence d'un bon principe, ainsi qu'à l'action de quelque puissance formidable ou secourable pour eux, que l'impiété systématique de Voltaire n'avait abouti qu'à transporter ce principe naturel de la foi sur d'autres objets de croyance; et vous allez voir que le plus beau temps de l'incrédulité philosophique était devenu l'époque de la crédulité la plus aveugle pour les évocations, les apparitions, les divinations et autres jongleries des plus effrontés charlatans. On refusait hommage au Créateur, et l'on vouait à la lune un culte d'amour; on ne voulait plus croire à la divinité du Verbe, mais on croyait à la toute-puissance de Cagliostro sur les esprits de l'air; on osait démentir la révélation divine ainsi qu'elle est déposée dans nos livres saints, et l'on adoptait toutes les recettes et les formules qui sont contenues dans un certain bouquin jaune où vous trouverez notamment que, « pour obtenir du basilic et du « thym de qualité supérieure, il faut les semer avec « force outrages et malédictions. »

— Pour les *malédictions*, il n'est pas difficile de s'en acquitter, disais-je à M. de Caylus ; mais, comme le verbe *outrager* renferme substantiellement et présuppose absolument l'idée de quelque sensibilité pour les injures, ayez donc l'obligeance d'apprendre à mon jardinier comment on peut outrager de la graine de basilic.

M. de Caylus, qu'il ne faut pas confondre avec son oncle l'antiquaire (1), était un des adeptes les plus zélés de la nouvelle secte. Il avait eu la satisfaction de communiquer avec Belzébuth, et quand il ne pouvait s'empêcher de jurer en bonne compagnie, c'était par Cœur de Satan. Il avait une fois emmené votre père avec M. de Lauzun, M. de Fronsac et le Duc de Chartres, dans les carrières de Montmartre, afin de leur y faire voir le diable; mais, à leur entrée dans la caverne, ils furent assaillis par une grêle de coups de bâton dont ces quatre Messieurs ont été couverts de meurtrissures et d'emplâtres pendant près d'un mois. Ils ne furent pas autrement maltraités, car on ne les dévalisa point: Lauzun m'a dit que c'était comme des coups de fléau qui seraient tombés sur eux du même côté d'un certain passage assez étroit et fort obscur qu'il fallait.

(1) Anne-Philippe de Pestels de Tubières de Grimoard de Lévis de Caylus, Sire de Pestels et Sénéchal du Rouergue ; Comte de Caylus et de Saint-Clair, Baron de Sallers, de Régniès et de Lacoste en Montalbannais, Châtelain de Villeneuve, Castelnau-de-Vareyres et autres lieux, lequel était petit-fils de l'auteur des *Souvenirs de Caylus*. C'est le Marquis de Lignerac, son arrière-neveu, qui est devenu l'héritier de leur grandesse d'Espagne, et qui est Duc de Caylus aujourd'hui. (*Note de l'Auteur.*)

traverser avant d'arriver dans la carrière. On apercevait, mais de très loin, la faible lueur d'une lampe qui devait être suspendue à la voûte de la grande caverne ; et voilà tout ce qu'ils virent pour cette fois-là.

La Gazette de France annonça que Mgr le Duc de Chartres était tombé de cheval et que sa tête avait porté sur la barrière de son manége. Le Duc de Fronsac en fut quitte pour se tenir dans son lit avec ses rideaux et les volets fermés, sans rien changer à ses habitudes. Je fis dire à ma porte que M. votre père était allé voir le diable et qu'il ne s'en était pas bien trouvé, ce qui m'affligeait et m'étonnait médiocrement. Enfin le Duc de Lauzun ne fit rien dire et ne dit rien du tout, quoiqu'il allât partout comme à l'ordinaire ; et quand M. le Dauphin voulait le questionner sur le bras qu'il avait en écharpe et les marques noires qu'il avait à la figure, il répondait à M. le Dauphin : — Qu'est-ce que cela vous fait ? ce qui lui servait parfaitement à détourner l'attention, tant on avait à parler sur la prodigieuse étrangeté d'une pareille réplique (1).

Il m'appelait sa tante, à cause de son mariage avec ma nièce de Boufflers, laquelle était la petite-fille de votre tante de Luxembourg (née de Villeroy). Je vous explique ceci pour l'intelligence de vos listes de parens ; car, au bout de quelques généra-

---

(1) Armnad Louis de Gontaut, Duc de Biron, et d'abord de Lauzun. Il avait eu la coupable faiblesse de se ranger sous les drapeaux du parti révolutionnaire, qui l'a fait condamner à mort et supplicier en 1793. (*Note de l'auteur.*)

tions, on a souvent de la peine à s'expliquer cette ennuyeuse obligation des demandes de *consentement*, des deuils et des billets de faire part, écrits à la main. Passons là-dessus prestement.

— Eh bien! ma tante, je l'ai vu, me dit-il un jour, j'ai vu le diable!....

— Est-ce que c'est encore à Montmartre, mon garçon? Comment t'en trouves-tu pour aujourd'hui?

— Ma tante, c'était dans la nuit de vendredi dernier, chez M. le Duc de Chartres, et Mme Agnès de Buffon y a pleuré comme une gouttière.

— Mon Dieu! comment cette jeune femme ose-t-elle afficher une intimité pareille?...

— Voilà qui ne me regarde pas du tout, et j'oserai même ajouter que vous avez trop de bonté pour cette Comtesse Agnès de Buffon : Mme de Genlis en dit qu'elle est comme ce papillon du cabinet de son beau-père qui s'appelle la grande coquette, et qu'elle n'a rien de bon que ce qu'elle a de beau.

— Laissez-moi tranquille avec les médisances de Mme de Genlis, et parlez-moi plutôt du diable.

Lauzun me dit alors avec une simplicité sérieuse et qui finit par me donner le frisson, car il a toujours été d'une véracité parfaite et nullement conteur. . . . . *Il se trouve ici deux pages raturées.* . . . . et qu'ayant mis sur cette table une coupe de cristal dans laquelle on voyait flotter un crapaud, lequel avait reçu tous les sacremens de l'église, depuis le baptême jusqu'à l'extrême-onction. . . . — Mais l'ordre et la confirmation, vous n'y pensez pas, lui fis-je observer. — Ma tante, reprit-il avec un air d'amertume et de mépris douloureux, est-ce que le Duc de Chartres n'a pas à sa disposition les deux mains consacrées et sacrilèges d'un évêque?... Après quoi, cette horrible personne, car Lauzun n'avait pu démêler si c'était un homme ou une femme, se mit à genoux devant la table, en disant tendrement à son crapaud : — Saint Ange, mon cher Ange, mon bel Ange, l'Enfer triomphera-t-il pour nous? Michel dénouera-t-il ce que Satan a lié? Oyez-moi, oyez-moi, oyez-moi! L'animal fit alors des évolutions tellement brusques que l'eau de la coupe en jaillit jusque sur le Duc de Chartres, qui devint blême et qui s'essuya le visage. Ce fut pour lors que les évocations commencèrent, et qu'il fut prescrit à toutes les personnes présentes de se mettre à genoux, ce que M. de Lauzun refusa pour son compte, en disant qu'il se trouvait mal aussitôt qu'il était dans cette posture. Les autres s'agenouillèrent à l'imitation du Duc de Chartres.

On vit apparaître alors à l'autre bout de la salle, ajouta Lauzun, sans aucun bruit et de la manière la plus inexplicable, une figure d'homme absolument nu. Il était de grandeur un peu plus que naturelle, ayant le teint d'un beau pâle et les yeux merveilleusement noirs; cheveux bouclés, belle poitrine, avec des membres parfaitement bien proportionnés, les hanches et l'abdomen admirablement juvéniles; une belle barbe frisée, fine et touffue, et du reste *nullum cujusvis sexus indicium*; ce que, par-dessus toute chose, avait préoccupé le Duc de Lauzun.

Il me dit aussi que cette figure du diable avait une cicatrice qui lui partait du front, en tournoyant en arêtes aiguës jusqu'à son talon gauche, ainsi qu'un lacet de soie d'un pourpre vif. . . . .
. . . . (A FULGURE ET TEMPESTATE LIBERA NOS, DOMINE ! m'écriai-je en baissant la tête ;) et cette belle apparition fut terminée par un éclat de voix sonore qui parut sortir de la bouche de ce diable, laquelle était alors grande ouverte, mais sans aucun mouvement d'articulation visible. Lauzun ne voulut jamais me rapporter ce que Satan leur avait dit ; mais on a su par la Duchesse de Gèvres, à qui M. de Caylus disait toutes choses, que c'étaient les mots suivans, avec des intervalles assez marqués pour y donner une interprétation qui, j'en fais ma coulpe, est revenue souvent à ma pensée.

— VICTOIRE ET MALHEUR. — VICTOIRE ET MALHEUR. — MALHEUR. On verra que les tripotages, ou si l'on veut les intrigues politiques du Palais-Royal, n'étaient pas étrangers à ces jongleries profanatoires.

A côté de ces mystifications impies, destinées à satisfaire aux exigences des ennemis du christianisme, on entendait continuellement parler de superstitions absurdes et de folles pratiques auxquelles on assujettissait certains catholiques ayant plus d'attrait pour les curiosités mystiques que pour la dévotion réelle ; et comme on savait, à n'en pouvoir douter, que ces deux sortes de directions et d'illusions tout à fait divergentes étaient néanmoins imprimées et fomentées par le même chef de secte, c'est-à-dire par le fameux Cagliostro, vous pouvez juger l'opinion qu'on aurait dû concevoir de sa loyauté, ce qui n'empêchait pas un assez grand nombre de personnes considérables, et fort estimables du reste, d'éprouver et de manifester pour cet homme un sentiment de confiance et d'enthousiasme incompréhensibles. Cagliostro composait avec les scrupules des catholiques aussitôt qu'il apercevait que leur conviction religieuse était inébranlable. Il avait d'anciens jansénistes convulsionnaires au nombre de ses prosélytes. Il avait des mystiques *de la croix* et des illuminés *du pur attrait* parmi ses adeptes les plus ardens, et notamment un visionnaire espagnol appelé Don Luis de Lima-Vasconcellos, lequel était Grand-Prieur de Majorque et frère de M. l'Ambassadeur d'Espagne(1). J'ai trouvé quelque chose d'assez curieux sur le Grand-Prieur de Lima dans les mémoires de Cagliostro. Vous verrez, lorsque nous en serons à l'affaire du collier, comment les manuscrits de ce prisonnier m'avaient été confiés pour les soustraire à l'activité passionnée du Baron de Breteuil contre le Cardinal de Rohan. Vous y verrez aussi pourquoi je m'étais chargée d'en traduire quelques parties. On y trouve assurément des folies étranges, mais on n'a jamais rien lu de plus curieux, de plus spirituellement original et de plus naturellement exprimé. Je ne me flatte assurément pas d'avoir pu traduire et conserver la *desinvolture* de l'original

---

(1) Don Jaime de Majonès de Lima de Sotomajor, Commandeur de Calatrava, Ambassadeur d'Espagne à Paris depuis l'année 1747 jusqu'en 1764. (*Note de l'Auteur.*)

italien, non plus que son air de singularité naïve; mais, quoi qu'il en soit, voici quelques détails sur ce visionnaire, à peu près comme ils sont racontés par Cagliostro (1).

« Parmi les protégés du Grand-Maître, mon
« père, il y avait à Malte un grand dignitaire espa-
« gnol qui passait toute sa vie dans les églises, et
« qui se mourait de chagrin par suite d'un cauche-
« mar de la nature la plus fatigante et la plus
« obstinée. Tous les Chevaliers castillans, ses com-
« patriotes, attestaient la vérité de son aventure
« en ce qui concernait un meurtre, un remords
« dévorant, des pèlerinages et des pratiques de
« dévotion continuelles, mais ils ne pouvaient af-
« firmer le surplus; et voici comment il m'a conté
« son aventure, à laquelle on attribuait son cau-
« chemar. »

« Je suis entré dans l'ordre de Saint-Jean de
« Jérusalem de Malte avant d'être sorti de l'en-
« fance, me dit le Grand-Prieur de Lima-Vascon-
« cellos, ayant été reçu de *pagenaria*, c'est-à-dire,
« et comme vous le savez sûrement, pour être au
« nombre des pages de son Altesse Éminentissime
« le Grand-Maître, qui était alors Don Raymond
« de Perellos y Zuniga, y Lopès de Zapatan, y Sa
« de Catalayud. Ce prince avait eu deux aïeules
« de notre maison, ce qui me procura l'honneur

(1) Plusieurs journaux littéraires ont annoncé la publication prochaine des *Mémoires inédits de Cagliostro*, où l'on retrouvera sûrement le fond et les principaux incidens de cette anecdote fantastique.   (*Note de l'Éditeur.*)

« et l'avantage de commander une galère de l'or-
« dre à l'âge de vingt-cinq ans ; et l'année suivante
« étant une de celles où le Grand-Maître devait
« exercer son privilége de *donazione*, S. A. en
« profita pour me conférer la plus riche com-
« manderie de la langue de Castille. Je pouvais
« donc prétendre sans témérité aux premières
« charges de l'ordre ; mais comme on n'y parvient
« que dans un âge avancé, et qu'en attendant je
« n'avais absolument rien à faire à Malte, j'y
« suivais l'exemple de nos premiers dignitaires,
« qui auraient dû nous en donner un meilleur,
« et je ne m'occupais qu'à faire l'amour. C'est un
« péché que je regardais alors comme purement
« véniel, et plût à Dieu que je n'en eusse jamais
« commis d'autre ! Celui que je me reproche est
« un acte d'emportement bien coupable, en ce
« qu'il m'a fait offenser tout ce que nos préceptes
« religieux ont de plus sacré ; je n'y saurais pen-
« ser qu'avec un effroi mortel. Mais n'anticipons
« pas sur le triste événement que j'ai promis de
« vous raconter.

« J'aurai l'honneur de vous dire qu'il existe ici (1)
« quelques anciennes familles nobles, originaires
« de l'île, auxquelles on ne permet jamais d'entrer
« dans l'ordre ; et qui ne veulent avoir aucune sorte
« de relation avec les Chevaliers, ne reconnaissant
« pour supérieurs que le Grand-Maître, qui est
« leur souverain, et les membres du chapitre qui
« forment le conseil de son Altesse.

(1) C'est-à-dire à Malte.

« Immédiatement au-dessous de cette noblesse
« maltaise, il existe une classe mitoyenne qui exerce
« les emplois civils, administratifs ou judiciaires,
« et qui recherche la protection de MM. les Che-
« valiers. Les dames de cette classe sont désignées
« par la qualification d'*Honorate,* qu'elles se don-
« nent entre elles, et qu'elles méritent véritable-
« ment par la régularité de leur conduite, ou, si vous
« l'aimez mieux, par la décence et la prudence
« qu'elles savent mettre dans leurs amours.

« L'expérience leur a fait connaître que le secret
« et la sécurité sont incompatibles avec le caractère
« des Chevaliers français, ou du moins qu'il est
« prodigieusement rare de leur voir unir la discré-
« tion à toutes les autres qualités qui les distin-
« guent. Il en résulte que les jeunes hommes de
« cette nation, qui sont accoutumés partout ailleurs
« à des succès brillans, en sont réduits à Malte à
« l'intimité des femmes de la plus mauvaise com-
« pagnie. Les Chevaliers allemands, qui d'ailleurs
« sont peu nombreux, sont ceux qui plaisent le plus
« aux *Honorate,* et j'ai toujours cru qu'ils devaient
« cette préférence à leur air de douceur, ainsi qu'à
« leur teint couleur de rose et blanc. A la suite des
« blonds viennent les basanés ; après les Teutons
« viennent les Espagnols, et je pense qu'il faut at-
« tribuer nos bonnes fortunes à notre caractère, qui
« passe avec raison pour honnête et sûr.

« Les Chevaliers français, et surtout les jeunes
« *caravanistes,* se vengent des *Honorate* en les per-
« siflant et les mystifiant de toute manière, et sur-
« tout en dévoilant leurs amours secrètes ; **mais,**

« comme ils font bande à part et qu'ils négligent
« toujours d'apprendre la langue du pays, qui est
« l'italien, tout ce qu'ils peuvent dire entre eux ne
« saurait produire une grande impression.

« Nous vivions paisiblement avec nos *Honorate*,
« lorsqu'un vaisseau français nous amena le Com-
« mandeur de Foulquerre, de l'ancienne maison
« des Sénéchaux de Poitou, qu'on croit issus des
« premiers Comtes d'Angoulême. Il était venu jadis
« à Malte, d'abord pour faire ses caravanes contre
« les Turcs, ensuite pour y chercher un Chevalier
« milanais avec lequel il voulait absolument se cou-
« per la gorge, enfin pour y prêter serment d'obé-
« dience et pour y prononcer ses vœux ; et toujours
« le Commandeur de Foulquerre avait eu des que-
« relles sanglantes. Il y venait cette fois-ci pour solli-
« citer le généralat des galères ; et, comme il avait
« trente-cinq ans, on s'attendait à le trouver plus
« rassis. En effet on ne saurait dire que ce grand-
« officier de S. Jean fût resté tout à fait aussi querel-
« leur et tapageur que par le passé, mais il était de-
« venu hautain, jaloux, impérieux, factieux même,
« et prétendant à plus d'autorité que le Grand-
« Maître de Malte et les Grands-Prieurs de France.

« Le Commandeur ouvrit sa maison, et les Che-
« valiers français s'y précipitèrent en foule. Nous
« y allions rarement, et nous finîmes par n'y plus
« aller du tout, parce que nous y trouvions la con-
« versation dirigée sur des sujets déplaisans pour
« nous, et particulièrement sur les *Honorate*, que
« nous faisions profession d'aimer et de respecter
« infiniment.

« Lorsque le Commandeur sortait pour se pro-
« mener dans la ville, on le voyait toujours entouré
« de jeunes caravanistes français, qu'il menait dans
« la *Strada-Stretta* pour leur montrer les endroits
« de cette rue où il s'était battu, et pour leur expli-
« quer toutes les circonstances de ses duels. Il est
« bon de vous prévenir, Monsieur le Comte, que le
« duel est proscrit et puni sévèrement à Malte, à
« moins qu'il n'ait eu lieu dans la *Strada-Stretta*,
« étroite et longue ruelle dans laquelle ne se trouve
« aucune porte et sur laquelle il ne s'ouvre aucune
« fenêtre. Elle n'a de largeur que tout juste autant
« qu'il en faut pour que deux hommes puissent se
« mettre en garde et croiser leur fer. Ils ne peu-
« vent reculer, et leurs témoins arrêtent les pas-
« sans pour empêcher qu'on ne les dérange.

« On avait souffert cet usage afin de diminuer
« le nombre des duels ; car un Chevalier qui ne
« veut ni provoquer ni répondre à un défi est tou-
« jours le maître de ne jamais passer dans la *Strada-
« Stretta;* et si le combat s'engageait ou s'exécutait
« ailleurs, il est convenu qu'on ne saurait le faire
« passer légalement pour une *rencontre*. Du reste,
« il y a peine de mort pour quiconque viendrait
« dans cette ruelle avec un poignard ou des pistolets.
« Le duel est donc tout à la fois interdit et toléré à
« Malte ; mais cette permission n'est pas avouée ;
« on en parle toujours avec une sorte d'embarras
« honteux, comme d'un attentat contraire à la cha-
« rité chrétienne et comme d'un acte malséant dans
« le chef-lieu d'un ordre *religieux et hospitalier*.

« Les promenades et les stations du Commandeur

« dans la *Strada-Stretta* étaient donc très déplacées.
« Elles eurent le mauvais effet de rendre les Chevaliers français très susceptibles et très offensifs. Ils y étaient déjà naturellement disposés; et comme cet esprit de dispute allait toujours en augmentant, les Chevaliers espagnols redoublèrent de réserve et de gravité. Enfin ils se rassemblèrent chez moi pour nous y consulter sur les moyens d'arrêter des éclats de pétulance et des écarts de légèreté qui devenaient intolérables.

« Je remerciai mes compatriotes de la confiance dont ils m'honoraient. Je leur promis d'en parler au Commandeur de Foulquerre, en lui représentant que la conduite des jeunes Français avait des inconvéniens dont il pourrait arrêter les progrès et l'abus, attendu la juste considération qu'on avait pour lui dans les cinq langues de sa nation; mais je n'espérais pas que cette explication, dans laquelle je comptais mettre toute la mesure et tous les égards possibles, pût se terminer autrement que par un duel. Pourtant, comme cette affaire d'honneur intéressait la dignité castillane, je n'étais pas fâché d'avoir été choisi pour la soutenir; enfin je crois que je me laissai dominer par une sorte d'antipathie naturelle que j'avais pour ce Français.

« Nous étions dans la semaine sainte, et l'on convint de retarder mon entrevue avec le Commandeur jusqu'après l'expiration de la quinzaine de Pâques. J'ai toujours cru qu'il avait eu connaissance de ce qui s'était passé chez moi, et qu'il avait résolu de nous prévenir en me cherchant querelle.

« Arriva le Vendredi-Saint. Vous savez que,
« suivant l'usage espagnol, si l'on s'intéresse à une
« femme, on la suit ce jour-là d'église en église
« pour lui présenter de l'eau bénite; c'est peut-être
« aussi par jalousie, dans la crainte qu'un autre ne
« profite de votre absence et de cette occasion-là
« pour faire connaissance avec votre Dulcinée;
« mais toujours est-il que je suivais ce jour-là une
« jeune *Honorata* à laquelle j'étais attaché depuis
« plusieurs années, et que, dès la première église
« où elle entra, le Commandeur l'aborda familiè-
« rement pour lui présenter de l'eau bénite, en se
« plaçant entre nous deux de manière à me tourner
« le dos et à me marcher sur les pieds, ce qui fut
« remarqué par des Français. Ceci ne pouvait rester
« impuni.

« Au sortir de cette église, j'abordai mon
« homme d'un air de froideur, en lui demandant
« d'abord de ses nouvelles, et puis dans quelle
« autre église il comptait aller pour y faire sa se-
« conde station.

— « Je compte aller à l'église Magistrale de
« Saint-Jean, répondit-il. Je lui proposai de l'y
« conduire par le chemin le plus court, et je fus
« étonné de le voir me répliquer avec le ton le
« plus poli : — Je serai charmé de m'y rendre à
« la suite de votre Seigneurie Illustrissime, que
je remercie très sensiblement et très humblement
pour sa prévenance et sa politesse. Je le menai
« sans qu'il s'en doutât jusque dans la *Strada-*
« *Stretta,* où je m'empressai de tirer l'épée, bien
« assuré du reste que personne ne viendrait nous

« y troubler un jour comme celui-là, où tout le
« monde était occupé dans les églises.

« Le Commandeur s'écria : —Comment! Segnor
« Commandador, vous tirez l'épée? — Oui, Mon-
« sieur le Commandeur, je tire l'épée ; je suis en
« garde, et je vous attends. Après une ou deux
« secondes il dégaina la sienne, mais il en baissa
« tout aussitôt la pointe : *Un Vendredi-Saint !* dit-il.
« *Il y a six ans que je ne me suis approché du con-*
« *fessionnal : je suis épouvanté de l'état de ma con-*
« *science ; mais si vous voulez, dans trois jours, c'est-*
« *à-dire lundi matin....*

« Je ne voulus rien entendre, et je le forçai de
« se mettre en garde. Je suis d'un naturel pai-
« sible, et vous savez que les gens de ce caractère
« n'entendent jamais raison quand ils sont irrités.
« La terreur était marquée dans tous ses traits. Il
« se plaça tout auprès du mur comme s'il avait
« prévu qu'il allait être renversé et qu'il eût
« cherché un appui ; ce qui n'était pas sans raison,
« car dès la première botte je lui passai mon épée
 au travers du corps.

« Il s'appuya contre la muraille, et me dit d'une
« voix défaillante : *Un Vendredi-Saint ! Puisse le ciel*
« *vous pardonner ! Portez mon épée à Têtefoulques et*
« *faites dire cent messes pour le repos de mon âme dans*
« *la chapelle du château.*

« Le Commandeur expira.

« Je ne fis pas dans ce moment une grande at-
« tention aux dernières paroles qu'il avait dites ; et
« si je vous les répète exactement aujourd'hui, c'est
« que je les ai entendues, malheureusement, **bien**

« des fois depuis ce temps-là. Je fis une déclaration
« dans la forme convenue. Le chapitre trouva na-
« turel que, nous étant rencontrés tous les deux dans
« la *Strada-Stretta*, notre hostilité nationale et
« peut-être la difficulté de nous céder le pas eût
« dégénéré en querelle sérieuse. Je puis vous as-
« surer que, devant les hommes, mon duel ne me
« fit aucune espèce de tort; Foulquerre était géné-
« ralement détesté, et l'on trouva qu'il avait bien
« mérité sa destinée. Mais il n'en était pas ainsi
« devant Dieu, car mon action était doublement
« criminelle, à raison du Vendredi-Saint, et sur-
« tout à cause du refus que je lui avais fait d'ob-
« tempérer au délai de trois jours pour qu'il pût
« recevoir les sacremens. Enfin ma conscience, d'ac-
« cord avec mon confesseur, ne tarda pas à m'en
« faire un cruel reproche; et ce fut trois jours après
« que notre Eminentissime Grand-Maître eut la
« bonté de m'investir de la dignité priorissale du
« royaume de Majorque, que je possède aujour-
« d'hui.

« Dans la nuit du vendredi au samedi suivant je
« fut réveillé en sursaut. En regardant autour de
« moi, il me sembla que je n'étais ni dans mon ap-
« partement ni dans mon lit, mais dans la *Strada-
« Stretta*, et couché sur le pavé. J'aperçus le Com-
« mandeur appuyé contre le mur... Le spectre eut
« l'air de faire un effort pour me parler : *Portez
« mon épée à Têtefoulques*, me dit-il d'une voix dé-
« faillante, *et faites dire cent messes pour le repos de
« mon âme dans la chapelle du château.*

« La nuit suivante je fis coucher dans ma cham-

« bre un de mes criados : je ne vis et n'entendis
« rien, non plus que les six nuits d'après ; mais,
« dans celle du vendredi au samedi, j'eus encore
« la même vision, avec la différence que mon valet
« me semblait couché à quelque distance de moi sur
« le pavé de la *Strada-Stretta*. Le Commandeur
« m'apparut : il me dit les mêmes choses ; et la
« même vision se répéta successivement tous les
« vendredis. Mon criado rêvait alors qu'il était
« couché dans une petite rue fort étroite ; mais du
« reste il ne voyait ni n'entendait le Commandeur.

« Je ne savais ce que c'était que *Têtefoulques*, où
« le défunt voulait absolument que je fusse porter
« son épée. Des Chevaliers poitevins m'apprirent
« que c'était un vieux château qui se trouvait à
« quatre lieues de Poitiers, au milieu d'une forêt ;
« qu'on en racontait dans le pays des choses ex-
« traordinaires, et qu'on y voyait beaucoup d'ob-
« jets curieux, notamment l'armure du fameux
« Foulques Taillefer, avec les armes de tous les
« guerriers qu'il avait tués. On me dit aussi que
« l'usage immémorial de tous les Foulquerre avait
« toujours été d'y faire déposer les armes qui leur
« avaient servi, soit à la guerre, soit dans leurs
« combats singuliers.

« J'allai d'abord à Rome, où je me confessai au
« Cardinal Grand-Pénitencier. Je ne lui cachai
« pas la vision dont j'étais obsédé, et il ne me re-
« fusa pas l'absolution que méritait mon repentir ;
« mais son Éminence ne me la donna que condi-
« tionnelle, après ma pénitence future, et les cent
« messes au château faisaient partie de cette prescrip-

« tion. J'avais eu soin d'apporter de Malte l'épée
« du Commandeur, et je pris le chemin de la France
« aussitôt qu'il me fut possible.

« En arrivant à Poitiers je trouvai qu'on y était
« informé de la mort de M. de Foulquerre, et il
« me sembla qu'on n'en était pas plus affligé qu'à
« Malte. Je laissai mon équipage en ville, et je
« pris le costume d'un pèlerin avec un guide. Il
« était convenable de me rendre à pied jusqu'à
« Têtefoulques, et puis d'ailleurs aucun chemin de
« ce comté de Poitou n'aurait été praticable pour
« des voitures.

« Nous trouvâmes toutes les portes du château
« fermées, et nous sonnâmes long-temps à la porte
« majeure avant que le concierge ne parût. Il était
« le seul habitant de Têtefoulques, avec une es-
« pèce d'ermite qui desservait ou plutôt qui net-
« toyait la chapelle, et que nous trouvâmes occupé
« à psalmodier l'office des morts, ce qui me pa-
« rut lugubre au dernier point. Lorsqu'il eut fini
« de chanter je lui dis que j'étais venu pour ac-
« complir une obligation de conscience, et que j'a-
« vais l'intention de lui faire dire cent messes
« pour le repos de l'âme du Commandeur. Il me
« répondit qu'il ne disait jamais la messe, parce
« qu'il n'était pas dans les ordres, mais qu'il se
« chargerait volontiers d'en faire acquitter ma con-
« science.

« Je déposai mon offrande sur l'autel, et je
« voulus y déposer aussi l'épée du Commandeur;
« mais l'ermite me dit avec un air sombre que ce
« n'était pas la place d'une épée si meurtrière et si

« souvent trempée de sang chrétien, et qu'il me
« conseillait de la porter dans une grande salle appe-
« lée *l'Armurie,* où il n'entrait jamais. Le concierge
« ajouta que c'était dans l'armurie que je verrais dé-
« posées toutes les épées des Foulquerre défunts, avec
« celles des adversaires dont ils avaient triomphé;
« que tel était l'usage établi depuis le siècle de
« Mellusine et de son mari le comte de Poitou,
« Geoffroy *à-la-Grand'-Dent.* Je suivis dans l'ar-
« murie ce bavard de concierge, et j'y trouvai des
« épées de toutes les formes, de toutes les tailles et
« de tous les siècles, ainsi que de curieux portraits,
« à commencer par celui de Foulques Taillefer,
« comte d'Angoulême, lequel avait fait édifier le
« château de Têtefoulques pour un sien fils Man-
« zier (c'est-à-dire bâtard), lequel fut créé Séné-
« chal de Poitou, et devint la souche des Foulquerre
« de Têtefoulques.

« Le portrait du Sénéchal et celui de sa femme,
« Isabeau de Sainte-Hermine, étaient placés des
« deux côtés d'une immense cheminée. Ils avaient
« un grand air de vérité. Tous les autres portraits
« me parurent également d'un assez bon faire,
« quoiqu'ils fussent de travail gothique; mais au-
« cun n'était aussi frappant que celui de Foulques
« Taillefer, armé de toutes pièces et saisissant sa
« rondache, qui était armoriée de trois lions léo-
« pardés, mornés et diffamés (en signe de bâ-
« tardise apparemment). La plupart des épées
« étaient réunies et ajustées en trophée au bas de
« ce portrait.

« Comme cette salle était la seule du château

« à qui j'eusse trouvé l'air *habitable*, je demandai
« au concierge s'il ne voudrait pas m'y faire du
« feu avant de m'y dresser un lit et de m'y donner
« à souper. — Quant au souper, je le veux bien,
« mon cher pèlerin, répondit-il, mais je vous con-
« seille de venir coucher dans ma chambre.

« Je voulus savoir le motif de cette précaution.
« — J'ai mes raisons, poursuivit-il, et je vais tou-
« jours vous aller faire un lit auprès du mien. J'ac-
« ceptai la proposition d'autant plus volontiers que
« nous étions au vendredi et que je craignais le re-
« tour de ma vision.

« Le concierge de Têtefoulques alla s'occuper de
« mon souper, et je commençai par examiner les
« armures et les portraits des Foulquerre. A mesure
« que le jour baissait, les draperies enfumées se
« confondaient avec le fond des tableaux, et le feu
« de la cheminée ne me laissait voir que des vi-
« sages, ce qui avait quelque chose d'effrayant.....
« Peut-être cela me parut ainsi, parce que l'état
« de ma conscience m'entretenait dans un trouble
« continuel.

« Enfin le concierge apporta mon souper, qui
« consistait dans un plat de truites, avec quelques
« écrevisses qu'il avait fait pêcher dans les fossés
« du château. Il me fournit en outre une bou-
« teille de vin potable et assez passable, quoiqu'il
« me dit que c'était du vin de Poitou. J'aurais voulu
« que l'ermite se mit à table avec moi; mais il
« ne vivait que de racines et d'herbes cuites à l'eau.

« J'ai toujours été exact à réciter mon bréviaire,
« ce qui est toujours d'usage ainsi que d'obligation

« pour les Chevaliers profès, et parmi les Espa-
« gnols au moins. Je tirai donc mon missel de
« ma poche, ainsi que mon rosaire, et je dis au
« concierge qu'il eût seulement à me montrer la
« chambre où j'irais le retrouver lorsque j'aurais
« fini mes prières. — A la bonne heure, me ré-
« pondit-il. Quand vous entendrez l'ermite sonner
« sa cloche, en faisant sa ronde dans les corridors
« avant minuit, vous descendrez par cet escalier
« tournant, et vous ne pourrez manquer de trouver
« ma chambre, dont je vais laisser la porte ou-
« verte. C'est la sixième porte après la grande ogive,
« au quatrième repos de l'escalier. Vous entrerez
« par là dans une allée voûtée qui se termine par
« une arcade avec une statue de la bienheureuse
« Jeanne de France. Vous ne pourrez pas vous y
« tromper, et je vous conseille de ne pas rester ici
« passé minuit.

« Le concierge se retira ; je continuai mon of-
« fice ; et de temps à autre je mettais du bois au
« feu, mais je n'osais trop regarder à l'entour
« de moi. Les tableaux semblaient s'animer, et si
« j'en regardais un pendant quelques instants, il
« me paraissait y voir remuer des yeux et des
« lèvres, et c'étaient surtout les portraits du Grand-
« Sénéchal et de sa femme à qui je croyais voir des
« yeux courroucés contre moi, sans compter des
« regards d'intelligence entre eux... Un coup de
« vent terrible vint ajouter encore à mes frayeurs,
« il ébranla violemment tous les vitraux en agitant
« les faisceaux d'armures avec une sorte de cliquetis
« qui me parut

« Enfin j'entendis la cloche de l'ermite, et je
« descendis l'escalier tournant avec une lumière, que
« le vent souffla bien avant que je n'eusse reconnu
« l'arcade, la niche et la figure de la bienheureuse
« Jeanne de France. Je montai précipitamment
« dans l'armurie pour y rallumer mon bout de
« chandelle ; mais jugez de ce que j'éprouvai lors-
« que j'aperçus le Sénéchal avec la Sénéchale qui
« étaient descendus de leurs cadres et qui s'étaient
« mis au coin du feu.

« — *M'amie*, disait le Sénéchal, *que vous siemble
« de l'oultre cuidance du Kastillan, lequel se vient
« héberger et goberger en mon chastel à prets havoyr
« occiz le Commandeur et sanz lui volloyr octroyer
« confécion ?...*

« — *Messire*, répondit aigrement le spectre fé-
« minin, *m'est adviz qu'iceluy Kastillan fist forfaic-
« ture en ce rencontre, et vrayement, seroits mal à
« poinct quil se dezpartis de ceants sanz que le gant
« lui jectiez !*

« Je me précipitai de nouveau dans l'escalier
« pour aller chercher la chambre du concierge,
« qu'il me fut impossible de trouver au milieu des
« ténèbres. Après une heure et demie d'attente et
« d'inquiétudes mortelles, je tâchai de me persua-
« der que le jour était prêt à paraître et que le coq
« avait dû chanter, ce qui ne me laisserait aucune
« inquiétude, car il est assez connu que les reve-
« nans ne sauraient se montrer après le premier
« chant du Coq.

« J'essayai surtout de me persuader que les deux
« figures que j'avais cru voir et entendre parler

« n'avaient existé que dans mon imagination trou-
« blée. J'avais toujours à la main ma chandelle
« éteinte, que je voulais absolument rallumer pour
« aller me coucher, parce que je tombais de fatigue.
« Enfin je remontai ce malencontreux escalier à pas
« de loup, et, m'arrêtant à la porte de l'armurie
« avec précaution, je trouvai qu'effectivement les
« deux figures gothiques n'étaient pas au coin du
« feu où j'avais cru les apercevoir (je n'eus pas la
« prudence et la précaution de regarder si elles
« étaient remontées dans leurs vieux cadres). Je
« m'aventurai témérairement en me dirigeant du
« côté de la cheminée ; mais à peine eus-je fait
« quelques pas que je vis Messire Foulques au mi-
« lieu de la salle...

« Il était en garde et me présentait la pointe de
« son épée. Je voulus me retourner du côté de l'es-
« calier ; mais la porte en était occupée par une
« figure d'Écuyer qui me jeta rudement un gan-
« telet de fer au visage. Enfin l'impatience me prit ;
« je me jetai sur une épée que j'arrachai d'un tro-
« phée d'armes (il se trouva que c'était précisément
« celle du Commandeur que j'y avais placée) et je
« tombai sur mon fantastique adversaire. Il me
« sembla que je l'avais pourfendu ; mais tout aussi-
« tôt je ressentis au-dessous du cœur un coup de
« pointe qui me brûla comme aurait fait un fer rouge.
« Mon sang inondait la salle, et je m'évanouis.

« Je me réveillai le lendemain dans la petite
« chambre du concierge. Ne me voyant pas arri-
« ver, il s'était muni d'un bénitier avec son gou-
« pillon pour venir me chercher. Il m'avait trouvé

« etendu sur le pavé de l'armurie sans connais-
« sance, mais sans aucune blessure, et celle que
« j'avais cru recevoir n'était qu'une fascination. Le
« concierge et l'ermite ne me firent aucune ques-
« tion, mais ils me conseillèrent de quitter le châ-
« teau le plus tôt possible

« Je partis de Têtefoulques pour retourner en
« Espagne, et j'arrivai à Bayonne le vendredi sui-
« vant. Au milieu de la nuit, je fus réveillé en
« sursaut par le même Foulques Taillefer, qui me
« tendait la pointe de son épée. Je fis le signe de
« la croix, et le spectre parut s'évanouir en fu-
« mée, mais je n'en sentis pas moins le même
« coup d'épée que j'avais cru recevoir dans l'ar
« murie; il me sembla que j'étais baigné dans
« mon sang; je voulus appeler et sortir de mon
« lit pour aller chercher du secours, mais l'un et
« l'autre me furent impossibles, et cette angoisse
« me dura jusqu'au premier chant du coq. Alors
« je me rendormis, mais le lendemain j'étais ma-
» lade et dans un état digne de pitié. J'ai eu la
« même vision tous les vendredis. Les actes de dé-
« votion n'ont pu m'en délivrer, et c'est un reste
« d'espoir dans la miséricorde divine qui me sou-
« tient encore et me fait supporter une situation si
« lamentable. »

Les folles idées de M. de Caylus n'étaient pas de
la même nature que celles de M. de Lima, et comme
il était classé parmi les *superstitieux impies*, il était,
à mon avis, beaucoup plus déraisonnable que le
Grand-Prieur. On a raconté très diversement la
dernière aventure de M. de Caylus et les circon-

stances qui paraissent avoir déterminé sa mort : mais c'est très injustement qu'on y a fait intervenir une jeune femme qui, depuis trois mois, était dans ses terres au fond du Quercy. Je vous puis assurer que le nom de Mme de Bonneval ne s'est trouvé mêlé dans tout ceci que par un calcul de malice et de jalousie féminine. Mme la Vicomtesse de Rouault n'est jamais retenue, comme chacun sait, par sa charité chrétienne et son respect pour la vérité quand son amour-propre est en souffrance. Elle a brouillé toutes ses filles avec tous ses gendres, et Mme de Courcy (la plus jeune de ses filles) en est morte de douleur. Voici l'histoire de M. de Caylus ainsi que je la tiens tout directement de sa cousine et son amie, la Duchesse de Gèvres, qui vit encore et qui promet de vivre long-temps (1).

M. de Caylus avait la fureur du prosélytisme, et Mme de Gèvres avait bonne envie de voir le Connétable du Guesclin, ne fût-ce que pour en tirer quelque renseignement sur un trésor qui doit exister dans les ruines du Plessis-Bertrand (c'est un de leurs châteaux, en Bretagne). Je ne sais pourquoi

---

(1) Françoise-Marie du Guesclin, mariée en 1758 à Louis-Paris-Joachim Potier de Gèvres-Luxembourg, Duc de Gèvres et de Tresmes, Gouverneur de Paris, Grand-Bailly de Valois, etc., morte à Paris en 1817, âgée de 91 ans.

Aussitôt que Buonaparte, premier consul, eut appris que Mme de Gèvres était la dernière personne de la maison du Guesclin, il la fit inscrire sur le grand-livre pour une pension viagère de 12 mill. francs qu'elle n'a jamais fait toucher ; et ceci n'a jamais cessé de lui causer un sentiment de répugnance et d'humiliation. (*Note de l'Éditeur.*)

dans la plupart de nos anciennes familles il y a toujours pareille imagination sur quelque trésor enfoui. Le dernier prince de Rohan-Rochefort a fait culbuter son château de Neauffle-le-Vieil, afin d'y chercher je ne sais quel produit des économies du grand Dunois, qui n'avait pourtant jamais eu *plus de bon ordre ménagier ni d'arrangement que trois noix dans une écuelle percée*, comme dit Rabelais. M. du Cayla m'a conté que son oncle de Baschy (1), que nous prenions pour un prudent personnage, avait fait démolir un vénérable et superbe château qui était dans leur famille depuis le treizième siècle, et ceci pour y découvrir les joyaux du

---

(1) François, Comte de Baschy, de Saint-Estève et du Cayla, Chevalier des ordes du Roi, Ambassadeur de France à Lisbonne en 1760. Il était le père de Mmes de Lugeac, d'Avarey, de Monteynard et de Turenne. Comme il est impossible que vous n'entendiez pas crier contre des personnes qui portent le nom de Turenne et qui ne sont pas de la maison de Bouillon, je suis bien aise de vous prévenir que c'est l'ignorance ou la malveillance qui font parler contre cette famille, car on ne saurait douter qu'elle ne soit issue des anciens Vicomtes de Turenne, dont la branche aînée s'est fondue dans la maison de la Tour-d'Auvergne, en y portant ladite vicomté souveraine avec le comté de Beaufort en Anjou. On pourrait même observer que cette alliance avec l'héritière de Beaufort-Turenne, en 1444, fut la première et principale pierre de cet édifice de grandeur où la maison de la Tour est arrivée (*parvenue* ne saurait s'appliquer ici convenablement). Les prétentions injustes sont insupportables, mais les dénégations injustes sont révoltantes. Je ne suis pas suspecte en cette occasion-ci, vraiment, car je ne connais aucunement le Comte de Turenne, et Mme sa femme est une espèce de folle qui m'a toujours déplu souverainement.

(*Note de l'Auteur.*)

Roi Pharamond, *géant à poil follet*, dit toujours notre Rabelais. Au lieu du trésor d'un Sicambre, on y découvrit un sépulcre romain qui était rempli de serpens gigantesques.

La Reine Marie Leksinska disait très judicieusement que dans son royaume de France, « le plus beau des royaumes après celui du ciel, » les plus belles églises n'ont jamais qu'une tour et les plus beaux châteaux n'ont jamais qu'une aile; ce qui manifeste suffisamment le caractère de notre nation qui sait tout entreprendre, ne rien achever, et plutôt détruire avec ardeur qu'édifier avec persévérance. Mais il est un autre symptôme encore plus caractéristique de notre humeur nationale, et c'est l'amour de la destruction sous prétexte d'amélioration. Tout ce que j'ai vu démolir d'anciens édifices est innombrable. La ville de Paris a fait abattre l'ancienne chapelle de Sainte-Geneviève, dont la construction datait des Mérovingiens. Les gens de la couronne ont détruit l'hospice fondé par saint Louis pour loger douze pauvres provinciaux qui auraient à plaider contre la couronne, et le cœur m'en a saigné. Je sais bien que Louis XV a vécu sous le règne de Voltaire; mais j'ai vu Louis XV aliéner son curieux palais de Chenonceaux pour quelques arpens de garenne (1), et tandis que le Duc de Bouillon

---

(1) Le château de Chenonceaux, possédé par Diane de Poitiers, augmenté par Catherine de Médicis et long-temps habité par la Reine Louise, veuve de Henri III, est bâti, non-seulement sur les bords du Cher, mais sur un pont qui recouvre absolument cette charmante rivière. C'est un des édifices les plus remarquables et les mieux conservés du seizième siècle. Si

laissait crouler sa vieille forteresse de la Tour en Auvergne, on démolissait la plus belle moitié du château d'Amboise à l'effet d'y construire un petit logement pour Mme de Lamballe. C'est à qui s'efforcera d'arracher à la vieille Cybèle sa couronne de créneaux! Si j'avais écouté mes bourgeois, mes fermiers et mes autres vassaux de Montflaux, j'aurais fait faire dans mon château des Gastines un fameux remue-ménage! Ils savaient à n'en pouvoir douter que les Comtes d'Anjou, Geoffroy *Grise-Gonelle* et Foulques *le Réchin* y avaient enterré des trésors, et la tradition portait que c'était principalement des *couronnes* (comme s'ils en avaient eu de rechange).

— Je ne vous donnerai seulement pas, leur disais-je, l'argent d'un pic ou d'une pioche, et je vous assure que le premier qui s'avisera d'arracher une pierre à mes Gastines sera condamné par mes officiers de justice à l'amende et à la prison. J'irais plutôt ce jour-là présider mon audience en personne!

Mme de Créquy avait pu juger de la conscience artistique et de la sollicitude respectueuse, on pourrait dire, avec lesquelles les propriétaires actuels de Chenonceaux ont fait restaurer, décorer et font entretenir cette ancienne habitation royale, elle se serait aisément consolée de la savoir sortie des mains du domaine fiscal, qui l'aurait négligée s'il ne l'avait fait démolir. Chenonceaux, dans son état présent, est le parfait modèle du vieux château rajusté pour habitation moderne, avec tous ses meubles et ses ornemens d'intérieur exactement appropriés au style intime de l'édifice. M. et Mme de Villeneuve ont droit à la reconnaissance des archéologues et des artistes de tous les pays. L'éditeur les prie d'excuser l'auteur : c'est le tribut d'un ami des arts qui leur est inconnu. (*Note de l'Éditeur.*)

Hélas! mon Dieu! quand ces méchantes gens, vingt ans plus tard, ont incendié mes admirables charpentes et déraciné mes belles tours angevines, ils ont pioché huit mois durant et n'ont rien trouvé du tout, sinon des eaux souterraines et la fièvre quarte. J'oubliais de vous dire encore une citerne remplie de carcasses et de têtes de morts, lesquelles avaient chacune un clou de fer énorme enfoncé dans le haut du crâne; et c'était un supplice à la mode angevine, à ce qu'il paraît.

Tout ceci n'est pas hors de propos à l'occasion des Caylus, car ils avaient fait dévaster leur château de Pestels, berceau de leur famille, l'oncle pour y chercher des médailles romaines, et le neveu pour obéir à je ne sais quelle indication de son démon familier. C'était, ce me semble, un manuscrit dans une cassette.

La Duchesse de Gèvres a toujours été dévote et curieuse; elle était surtout préoccupée de son trésor du Plessis-Bertrand, mais la négociation fut longue et difficile, attendu que M. de Caylus exigeait préliminairement qu'elle se voulût soumettre à certaines pratiques et cérémonies d'initiation qui répugnaient à sa conscience. On n'avait droit à faire une évocation qu'après son affiliation, disait-il. — Alors je ne verrai jamais Bertrand du Guesclin, répondait-elle; et la chose en restait là pour le moment.

C'était toujours M. de Caylus qui revenait à la charge; et je n'aurais jamais compris que les Balsamites attachassent tant d'importance à s'affilier Mme de Gèvres, si ce n'était à cause de sa fortune et de sa crédulité. Ce fut après quinze ou dix-huit mois d'insinuations philosophiques et de discussions, de refus, de brusqueries réciproques et d'escarmouches entremêlées de fâcherie sérieuse, que M. de Caylus annonça qu'il avait enfin obtenu du Grand-Cophte la permission de laisser assister Mme de Gèvres à l'évocation du génie des métaux, sans obliger cette profane à prêter aucun serment. Il fut convenu qu'elle se rendrait le lendemain, par les Champs-Élysées, dans la maison de Mme de Brunoy, rue du faubourg Saint-Honoré, et c'était la nuit d'un vendredi qu'on avait choisi pour ce redoutable mystère (1).

Elle arrive à minuit (Mme de Gèvres) à la porte d'un pavillon qui se trouve au bout du jardin de Mme de Brunoy, laquelle était aux eaux de Baréges

---

(1) Diane-Émilie de Peyrusse des Cars des Princes de Carency, Comtes des Cars et de l'Ile-Jourdain, mariée en 1769 à Jean-Julien Pâris de Montmartel, Marquis de Brunoy. Il était renommé pour sa passion d'organiser des processions magnifiques et d'édifier des reposoirs incomparables. On arrivait à Brunoy de dix lieues à la ronde, afin d'y voir passer les processions dont il était l'ordonnateur pour le jour de la Fête-Dieu et pour le vœu de Louis XIII, à l'Assomption. On estimait qu'il avait dépensé de 13 à 14 millions pour les cérémonies de sa chapelle et de son église de village. Ses parens avaient fini par le faire interdire, et MONSIEUR, Comte de Provence, a fait l'acquisition du magnifique château de Brunoy, qui paraît être un séjour de prédilection pour lui. (*Note de l'Auteur.*)

Louis XVIII a conféré la qualité de Duc français au Duc de Wellington, sous le titre de DUC DE BRUNOY. « C'est le nom
« d'un lieu qui s'allie dans mon souvenir avec celui de mes
« plus beaux jours, et voilà pourquoi je l'ai choisi pour vous,
« ui dit S. M. » (*Note de l'Éditeur.*)

avec son frère le Baron d'Escars. Elle aperçoit derrière la grille une figure immobile ; on s'approche en lui disant *Jéma*, elle répond *Jéla* ; la grille s'ouvre ; on lui recommande de ne témoigner aucune surprise et surtout aucune *désapprobation*. (— *Vous seriez cause de ma mort....*) Elle avait reconnu la voix, si ce n'était la figure de M. de Caylus, à qui sans doute elle avait déjà promis de ne manifester aucun sentiment qui pût inquiéter cette réunion d'adeptes. Elle m'a dit qu'en montant l'allée couverte qui conduit de ce pavillon sur les Champs-Élysées au corps du logis, elle avait éprouvé du trouble, avec un saisissement si douloureux qu'elle fut obligée de s'arrêter et de s'asseoir sur un banc de gazon. — J'ai peur ! je ne veux pas entrer, je veux m'en aller, dit-elle en se levant brusquement et se dirigeant du côté du pavillon. — Il est trop tard, lui répondit son guide avec un accent d'effroi qui redoubla son inquiétude..... Le poste de la grille est occupé par un autre factionnaire... Vous ne sauriez sortir d'ici que par la rue du Faubourg Saint-Honoré, ce qui est impossible sans traverser la maison... Vous allez compromettre... Vous allez nous exposer... Vous allez me dévouer à des malheurs inévitables !

Enfin, plus morte que vive, elle se laisse entraîner jusqu'à la porte de ce joli boudoir qui se trouve au bout de l'allée couverte ; elle entre, et l'intérieur de ce cabinet était dans une obscurité complète. M. de Caylus se met à frapper mystérieusement sur une boiserie, par petits coups martelés, de manière à former des phrases maçoniques au moyen des nombres et des temps d'arrêt marqués entre celui des coups (1). On lui répond de l'intérieur, au même endroit et de la même manière ; il y réplique, et dit précipitamment à cette curieuse effrayée : — Voilà que je viens de m'engager pour vous, ne l'oubliez pas ! La porte sur laquelle on avait frappé de part et d'autre s'ouvrit inopinément, et la clarté la plus vive inonda l'intérieur du cabinet, où Mme de Gèvres aperçut alors deux grandes figures qui étaient entièrement couvertes de draperies rouges et qui tenaient à la main des épées nues dont la pointe était dirigée sur elle. — Qu'est-ce à dire ? Est-ce que vous m'amenez dans un coupe-gorge ? s'écrie-t-elle ; et la voilà dans un accès d'effervescence et de poltronnerie révoltée qui lui fait perdre la tête au point de se précipiter et d'aller tomber en bombarde au milieu d'un *tabernacle des lumières*, en faisant des cris pharamineux. Cette pièce était la belle chambre à coucher de Mme de Brunoy, la parente et l'intime amie de Mme de Gèvres, de sorte qu'elle en connaissait parfaitement bien les distributions intérieures avec leurs aboutissans ; elle était radieusement illuminée, mais il ne s'y trouvait personne ; on pouvait supposer qu'elle ne devait servir que de salle d'attente pour les néophytes ; on n'avait rien changé à son ameublement ni ses décorations ordinaires, et voici tout ce qu'on y remarquait d'inusité. La porte qui communique avec le grand salon et qui se trouve

---

(1) Un coup pour A, deux coups pour B, trois pour un
c, et le reste ainsi jusqu'au nombre de vingt-quatre, correspondant à la dernière lettre de l'alphabet.

auprès des fenêtres, en face de la porte du boudoir par où M`me` de Gèvres était entrée si brusquement, était voilée par une grande courtine en étoffe richement brodée, mais qui n'avait aucun rapport avec le meuble de la chambre, non plus qu'avec les tentures d'aucune autre pièce de la maison. C'était une sorte de brocard à fond bleu qui était semé d'étoiles d'or et de caractères cabalistiques en argent frisé. Il y avait aux deux côtés de cette porte deux trépieds dorés qui supportaient de larges coupes d'agate, ou plutôt d'albâtre rubané, car il est toujours prudent de supposer quelque charlatanisme en pareille matière. Lesdites coupes étaient remplies, l'une de fruits magnifiques, ananas, pêches, oranges et raisins, branches de fruits rouges, épis de blé, maïs et autres productions végétales, l'autre d'or et d'argent monnayé, pêle-mêle avec des perles et des pierreries, vraies ou fausses (ceci n'importait qu'aux illuminés). Remarquez, s'il vous plaît, que ces deux larges coupes étaient rapprochées de manière à laisser tout au juste la place de passer entre elles, et qu'il y avait à terre et en travers de cette porte un grand crucifix sur lequel il était impossible de ne pas marcher pour entrer dans le grand salon...

Un homme inconnu, couvert d'une longue robe mi-partie de velours noir et de satin bleu de ciel, entra dans cette chambre par la porte du boudoir, et, sans rien dire à M`me` de Gèvres, il entreprit de s'emparer de sa main pour la conduire dans la salle de l'assemblée ; la portière de brocard en était ouverte ainsi que la porte, et l'on y voyait confusément une foule de personnages étrangement vêtus et symétriquement alignés des deux côtés de cette galerie. — Laissez-moi la main ! Pour qui me prenez-vous? s'écria la Duchesse avec la résolution courageuse et la fierté qui doivent provenir de son nom du Guesclin. Où prétendez-vous me conduire? Imaginez-vous que je vais marcher sur le crucifix comme un trafiquant hollandais?... Plutôt que de fouler aux pieds l'image de notre Seigneur et la sainte Croix, signe de notre salut, je souffrirais mille maux... Ne me touchez pas !... Ne m'approchez pas !

Cet homme hésita la valeur d'une ou deux minutes, ensuite il entra dans la grande salle, et Mme de Gèvres s'enfuit tout aussitôt par une salle de bain qui s'ouvrait sur un corridor attenant au grand vestibule. Elle y trouva que les trois portes qui donnent sur la cour avaient été soigneusement fermées à la clef. La Duchesse est obligée de s'élancer par-dessus la balustrade d'une fenêtre basse, et laisse tomber un de ses souliers ; elle entortille son pied dans son mouchoir, et la voilà qui se met à courir sur le pavé de l'avenue jusqu'à la loge du suisse, où tout le monde était endormi. —Ouvrez, ouvrez-moi ! — Qui va là ? — C'est moi ! — Qui vous? — La Duchesse de Gèvres... — Allons donc !... Le débat n'aurait jamais fini si la femme du suisse n'avait pas cru reconnaître la voix de Mme de Gèvres, dont elle avait été fille de garde-robe. La Duchesse ne voulut rien confier de sa mésaventure à ces gens de Mme de Brunoy, qui ne se doutaient en aucune façon de ce qui se passait au bout de leur avenue. Tout ce qu'ils , c'était que leur maîtresse avait ordonné de mettre ses appartemens et ses clefs à la disposition de M. de Caylus, dont on devait réparer le logement; mais il n'en profitait guère, et tout donnait à penser que le service des illuminés ne se faisait que par les Champs-Élysées. Je ne doute pas non plus que Mme de Brunoy ne fût parfaitement étrangère à cet indigne emploi de son habitation.

On apprit dans la journée du lendemain que M. de Caylus avait été frappé d'un coup d'apoplexie foudroyante dans la petite maison de M. de Lauzun, rue du Roule, auprès des Champs-Élysées, d'où l'on rapporta son corps à l'hôtel de Comminges, rue de Grenelle, en face de l'hôtel de Créquy. Nos gens furent le voir, et disaient que sa figure était devenue comme celle d'un nègre. Aucun de ses proches parens n'était à Paris, il n'appartenait à personne de faire vérifier *chirurgicalement* la nature ou la cause de sa mort. Mme de Gèvres était dans son lit avec une fièvre chaude, et n'apprit cette nouvelle que lorsqu'il n'était plus temps de parler (parce que le cercueil de ce malheureux adepte avait été porté dans une église au fond du Rouergue, au milieu de la canicule et par une chaleur de 24 degrés).

Il est inutile de vous dire pourquoi les Balsamites ont été soupçonnés d'avoir fait mourir M. de Caylus. On a fait un nombre infini de broderies sur le même canevas d'histoire, où l'on n'a pas manqué d'ajuster les ornemens les plus merveilleux; mais vous pouvez compter et vous pourrez vérifier auprès de Mme de Gèvres que voilà toute la vérité sur cette aventure. Je la tiens déjà pour honnêtement extraordinaire et passablement tragique.

CHAPITRE V.

Cagliostro. — Son portrait. — Sa naissance. — Sa fuite de Paris. — Son retour en France. — Lettre du Cardinal de Rohan, Évêque de Strasbourg. — Réponse de l'auteur. — Croyances des Balsamites ou sectateurs de Cagliostro. — La pupille et la colombe. — Acte magique en prison. — Le général Alexandre Beauharnais sur l'échafaud. — Opinion du cardinal de Bernis sur les protestans *réfugiés*. — Les Templiers et les francs-maçons. — Origine de la maçonnerie. — Son influence sur la révolution française. — Procès de Cagliosto. — Sa condamnation. — Sa mort. — M. Fabré-Palaprat et sa charte de *Transmission*. — Léviticon de M. Palaprat — Origine de ce livre.

Joseph Balsamo, s'étant dit successivement Comte Tischio, Comte de Mélissa, Commandeur de Belmonte, Chevalier Pelegrini, Comte Fenice, et définitivement Comte de Cagliostro, était un homme assez mal tourné, mal habillé de taffetas bleu galonné d'argent sur toutes les tailles, et coiffé de la manière la plus ridiculement bizarre, avec des nattes poudrées qui étaient réunies en cadenettes. Il portait des bas chinés à coins d'or et des souliers de velours avec des boucles en pierreries ; il avait force diamans aux doigts, à la jabotière, aux chaînes de ses montres ; un chapeau garni de plumets blancs, qu'il ne manquait pas de remettre et de s'enfoncer sur la tête aussitôt qu'il voulait parler avec énergie : tout cela recouvert pendant huit mois de l'année d'une grande pelisse en renard bleu ; et quand je dis *tout cela*, ce n'est pas sans intention ni raison, car il avait à sa pelisse un capuchon de fourrure en forme de carapousse, et lorsque nos enfans l'entrevoyaient avec sa coiffure de renard à trois cornes, c'était à qui s'enfuirait le premier. Les traits de son visage étaient réguliers, sa peau vermeille et ses dents superbes. Je ne vous parlerai pas de sa physionomie, car il en avait douze ou quinze à sa disposition. Qui n'a jamais vu deux yeux comme les siens!

Il affectait de parler le plus mauvais français du monde, et surtout quand il avait affaire à des gens qu'il ne connaissait pas. Il était fort sensible à toutes les choses de bonne grâce et de bon goût, soit à l'extérieur des personnes ou dans leurs paroles. Il apercevait, il appréciait les nuances les plus subtiles de l'élégance et de la distinction dans les procédés sociaux, dans les manières, le langage, le style, et c'était avec une finesse étonnante. J'ai vu des écrits de Cagliostro que la plus spirituelle et la plus délicate personne du monde ne désavouerait certainement pas. Quand on avait le coup d'œil et l'oreille justes, on démêlait aisément que son extérieur bizarre et ses façons étranges étaient de la forfanterie, de la dérision malicieuse, un calcul établi sur l'étonnement du vulgaire ; et j'ai toujours pensé qu'il s'affublait et baragouinait de la sorte à l'effet d'en imposer aux imbéciles en affichant la plus grande originalité.

Il aimait à faire comprendre qu'il aurait été fils naturel du Grand-Maître de Malte Don Manoel

Pinto d'Afonséca, mais il était fils légitime et digne héritier d'un avocat de Messine, appelé Marco Balsamo, lequel avait été repris de justice en 1748, parce qu'il avait extorqué 80 onces d'or au Prince de Moliterne, en lui promettant de lui faire découvrir et de lui livrer un trésor enfoui sous une pyramide et sous la garde des génies infernaux. Ce fut l'inquisition qui lui fit son procès, dont le Marquis d'Ossun me rapporta les pièces, à Paris, en revenant de son ambassade à Naples. C'était une marque de souvenir que voulut me donner notre ancien ami, le Cardinal d'Aquaviva.

On n'a jamais rien appris de certain sur les premières années de ce thaumaturge, et l'ouvrage qu'on a publié sous le titre d'*Histoire de Cagliostro* n'est qu'un pamphlet sans consistance. Il avait d'abord habité Paris sous le nom de Comte Tischio; il fut compromis dans les premières poursuites de M. du Châtel, héritier de Mme d'Urfé, contre l'italien Casanova, ce qui les força d'abandonner la France, et ce fut à l'époque de son retour d'Allemagne, au bout de quatre à cinq ans, qu'on entendit parler pour la première fois du Comte de Cagliostro, qui venait de faire des libéralités magnifiques et d'opérer des guérisons merveilleuses à l'hôpital de Strasbourg. Pour vous donner une idée de l'enthousiasme qu'il inspirait, je vous rapporterai d'abord une lettre du Prince Louis, depuis Cardinal de Rohan, qui me le recommandait en ces termes :

« Vous avez sans doute, Madame et chère cousine,
« entendu parler du Comte de Cagliostro, des excel-

« lentes qualités qui le distinguent, de son admirable
« savoir et de ses vertus, qui lui ont mérité l'estime
« et la considération de toutes les personnes les plus
« distinguées de l'Alsace, et de moi le sentiment d'un
« attachement et d'une admiration sans bornes. Or, ac-
« tuellement que je sais qu'il est à Paris sous le nom
« du Comte Fenice, je le recommande à votre protec-
« tion, Madame, avec la plus vive instance, bien assuré
« que vos bontés lui captiveront les attentions générales.
« Je vous prie aussi de vouloir prévenir qui vous savez
« de se tenir en garde contre les impressions des ennemis
« de cet être bienfaisant. Je suis persuadé que vous
« prendrez pour lui les sentimens que je vous exprime.
« C'est avec vénération que j'ai reconnu sa pente con-
« stante vers tout ce qui est bienfait et justice. J'ai dit
« ce que j'en sais par expérience, pour vous engager
« à lui témoigner égards et amitié particulière, mais
« je n'ai pas dit et je ne saurais dire ici tout le bien
« que je pense de lui. Adieu, Madame et chère cousine,
« vous savez combien je vous suis tendrement et respec-
« tueusement attaché.

« † Louis, Év. et Prince de Strasbourg. »

Je lui répondis : — Mon cousin, j'ai vu M. de Cagliostro, et je l'ai même reçu plusieurs fois, afin d'en avoir une idée plus exacte et de pouvoir en porter un jugement plus solide. Je ne sais ce que c'est que la *bienfaisance* philosophique, et je ne comprends que la *charité* évangélique. Ce n'est pas déjà trop des lumières célestes et du secours de la grâce d'en haut pour nous faire pratiquer l'amour du prochain, la plus difficile de toutes les vertus, à mon avis. Les chrétiens véritables ont bien de la peine à se dévouer au soulagement de l'humanité souffrante, et pourtant leur divin maître leur en a donné l'exemple avec le précepte ; comment voudrait-on que la philosophie hermétique, qui ne saurait fournir aucun précepte analogue à celui des chrétiens, eût l'autorité que ses adeptes ont entrepris de lui faire supposer ?

Vous sacrifiez votre repos, c'est-à-dire votre santé, sans compter votre temps et votre argent, pour opérer des œuvres de miséricorde, ou, si vous l'aimez mieux, des actes de bienfaisance, ai-je dit à M. de Cagliostro ; mais si vous n'agissez pas en vue du bon Dieu, je n'y conçois rien. Je comprends des philosophes qui fassent des largesses en public et par ostentation d'humanité, je comprends aussi qu'il y ait des gens sans religion qui fassent l'aumône pour se délivrer des sollicitations d'un mendiant et pour éviter ce mouvement nerveux qu'on éprouve souvent à voir souffrir ; mais aller rechercher des pauvres et des malades, aller se mettre en quête des souffreteux et des malheureux humains qui ne souffrent pas sous vos yeux, pour épancher sur eux un océan de libéralités continuelles, et ceci quand on n'est pas chrétien, par simple compassion philosophique et pour la gloire de la théorie de Paracelse, voilà, Monsieur, ce que je ne comprendrai jamais, et permettez-moi de vous dire que je n'y crois pas.

Tout ce que je puis vous dire en faveur de M. Cagliostro, c'est qu'il a bien de l'esprit, et de plusieurs sortes. Dieu veuille que vous n'ayez jamais à vous repentir de votre confiance en lui. Il ne faut pas, mon bon cousin, vous attendre à ce que je le présente ni le recommande à personne, et comme il a pu s'aviser que je le suspectais de charlatanerie, il est à croire que je ne le reverrai pas souvent.

Écoutons maintenant MM. de Ségur, de Miromesnil, de Vergennes et de la Borde ; voici dans quels termes ils écrivaient au Préteur de Strasbourg, M. de Kinglin. « Nous avons vu M. le Comte
« Alexandre de Cagliostro, dont la figure exprime
« le génie, dont les yeux de feu lisent au fond des
« âmes, qui sait toutes les langues de l'Europe et
« de l'Asie, et dont l'éloquence étonne, entraîne et
« subjugue, même dans celles qu'il parle le moins
« bien. Nous avons vu ce digne et vénérable mor-
« tel, au milieu d'une salle immense, courir avec
« empressement de pauvre en pauvre, panser leurs
« plaies dégoûtantes, adoucir leurs maux, les con-
« soler par l'espérance, leur dispenser ses remèdes
« héroïques, les combler de bienfaits, enfin les
« accabler de ses dons, sans autre but que celui de
« secourir l'humanité souffrante. Ce spectacle en-
« chanteur se renouvelle à Strasbourg trois fois
« chaque semaine, et plus de quinze mille malades
« lui doivent l'existence. Mme la Comtesse de Ca-
« gliostro, belle et modeste personne, aussi bien-
« faisante que son époux, l'assiste continuellement
« dans ces actes d'une humanité transcendante (1).

Afin d'avoir une idée de l'instruction solide e

---

(1) Laure Féliziani, courtisane génoise, morte en 1794 dans le refuge de Sainte-Apoline, à Rome. Elle avait été condamnée à finir ses jours en prison par arrêt du Saint-Office, comme ayant pris part aux crimes de Cagliostro dans plusieurs affaires de *magie, sacrilége et franc-maçonnerie.*—(*Note de l'Auteur.*)

variée, de l'imagination brillante et de l'originalité d'esprit qui caractérisaient Cagliostro, je vous recommanderai la lecture d'une historiette qui fait partie de ses Mémoires et que j'en ai traduite (1). A présent, nous allons parler des principales croyances qu'il inculquait à ses disciples, ainsi qu'il m'est apparu dans les papiers saisis à son domicile de la rue Saint-Claude, à Paris, et comme il appert des pièces de son procès au tribunal de l'Inquisition romaine.

Les principales superstitions de la secte Balsamite avaient pour objet la métallurgie, la nécromancie, la cabale et l'onéirocritique, c'est-à-dire les quatre parties les plus vulgaires et les plus décriées de la croyance philosophale, de la science des prestiges et de l'art divinatoire. Les procédés métallurgiques employés par Cagliostro étaient ceux de l'école de Paracelse et de Borri, qui sont assez connus. Son élixir vital, que j'ai fait décomposer par un chimiste appelé Lavoisier, lequel a péri dans la révolution, soit dit en passant, était composé tout simplement d'aromates et d'or potable, ainsi que l'élixir de longévité de Nicolas Flamel et de St-Germain. Sa cabale était appuyée sur le comput hébraïque appelé samaritain. Sa pratique, à l'égard de l'évocation des ombres, était celle des Cophtes, ainsi qu'elle est indiquée par le livre amorrhéen ; enfin sa manière d'expliquer les songes était tout aussi déréglée que celle de Lucaccio Borrodina. Cagliostro n'avait donc fait faire aucun progrès à l'art magique, et même, il n'avait rien ajouté à celui du jongleur, sinon sa dignité de

(1) Voyez à la fin de ce quatrième volume.

Grand-Cophte qui lui donnait, disait-on, le pouvoir de déléguer celui de la divination par l'hydromancie. Voici la formule de ce procédé balsamite.

Une *pupille*, une *colombe*, c'est-à-dire une jeune fille en état d'innocence, était placée devant un vase de cristal rempli d'eau pure, et par l'imposition des mains d'un Grand-Cophte, elle acquérait la faculté de communiquer avec les génies de la région moyenne, et voyait dans l'eau tout ce qui pouvait intéresser la personne au profit de laquelle on fomentait la révélation. J'ai vu, bien malgré moi, pratiquer cette opération divinatoire, à la prison des Carmes, à propos du Vicomte de Beauharnais, dont un enfant de six ans, la fille du geôlier, voyait ainsi dans une carafe et décrivait exactement tous les préparatifs du supplice. Mme Buonaparte ne saurait avoir oublié cette révélation sinistre, mais c'est une scène de 1793, et nous n'en sommes pas là. Je vous conseille de vous rappeler en pareille occasion, mon cher Enfant, cette prodigieuse parole du calviniste Bayle, le roi des sceptiques : « Il y a souvent « dans ces choses-là beaucoup moins de merveilleux « que n'en croient les esprits faibles, et beaucoup « plus que n'en croient les esprits forts. »

Le Cardinal de Bernis n'était pas éloigné d'attribuer nos agitations politiques et les premiers crimes de la révolution française à la rancune et à la vengeance des protestans exilés sous le règne de Louis XIV. On pourrait conclure de cela que si les calvinistes français pouvaient porter des coups aussi dangereux à la tranquillité de l'État, Louis XIV avait eu de bonnes raisons pour les bannir de son royaume. Mais en admettant qu'une poignée de marchands, disséminés sur la surface de l'Europe, eurait pu transmettre à ses descendans la soif du meurtre avec le pouvoir d'ébranler des empires, on pourrait toujours objecter que le Roi Louis XVI avait *révoqué* la révocation de l'édit de Nantes, et, malheureusement pour nous, l'exercice du calvinisme était devenu si parfaitement libre que M. Necker, calviniste et républicain de Genève, avait été ministre du Roi plusieurs années avant l'époque où l'on égorgeait les prêtres catholiques à l'Abbaye Saint-Germain.

M. Burke était persuadé que l'existence de la grande association révolutionnaire remontait au-delà du quinzième siècle. Mais sans entrer ici dans tous les détails qu'il ne manquait pas de donner sur les crimes et la condamnation des Templiers, nous allons passer à ce qu'on a trouvé dans les papiers de Cagliostro touchant l'institution de la franc-maçonnerie.

Le Grand-Maître des Templiers, Jacques du Bourg-Molay, qui fut supplicié en 1314 et dont la famille existe encore en Nivernais, avait créé, pendant sa captivité à la Bastille, quatre *loges-mères*, savoir : pour l'orient, *Naples*; pour l'occident, *Édimbourg*; pour le nord, *Stockholm*; et *Paris* pour le midi.

Le lendemain de l'exécution des Templiers à Paris, le Chevalier Nicolas d'Aumont et sept autres Templiers *déguisés en maçons* vinrent recueillir les cendres du bûcher. Quinze jours après, le Chevalier Usquin de Floriau, qui avait dénoncé l'ordre, fut assassiné sur la place d'Avignon ; le Pape Clement V lui fit faire des obsèques magnifiques et le déclara *Vénérable Serviteur de Dieu* ; mais il paraît certain que les Templiers enlevèrent son corps et déposèrent dans son tombeau les ossemens de Jacques de Molay, qu'on avait reconnus ou cru reconnaître à la grandeur de leurs proportions. Alors les quatre loges fondées par lui s'organisent, et tous les Templiers prêtent serment de DÉTRUIRE LA PUISSANCE DU PAPE, D'EXTERMINER LA RACE DES CAPÉTIENS, D'ANÉANTIR TOUS LES ROIS, D'EXCITER LES PEUPLES A LA RÉVOLTE, ET DE FONDER UNE RÉPUBLIQUE UNIVERSELLE.

Pour ne confier leurs projets qu'à des hommes sûrs, ils établirent des loges préparatoires sous les noms de Saint-Jean et de Saint-André, sociétés sans secrets, dont les pratiques ne servent encore aujourd'hui qu'à donner le change et à faire connaître aux chefs de la franc-maçonnerie les sujets dont l'association pourrait leur devenir profitable. Toutes les formalités et cérémonies qui sont usitées dans ces loges sont encore aujourd'hui des allégories empruntées à la procédure et au supplice des Templiers ; mais on ne les explique ouvertement qu'au seizième grade ; on ne se rassemble habituellement dans ces loges que pour y pérorer sur l'égalité, la bienfaisance et la fraternité ; les vrais Templiers ou *Jacobins* n'y paraissent jamais, et leurs assemblées s'appellent *chapitres*.

Il y a seulement quatre chapitres en Europe ; ils sont composés chacun de vingt-sept membres, et sont établis à Naples, Édimbourg, Stockholm et Paris. Leur mot d'ordre est, comme on le sait à n'en pouvoir douter depuis l'inventaire des papiers de Cagliostro et la saisie des registres de Naples, *Jackin Booz Machenac B. Adonaï 1314*, dont les lettres initiales sont celles des mots *Jacobus Burgundus Molay beatus anno 1314*. Leurs autres mots sacramentels sont Kadosck, qui signifie *régénérateur*; Nekom, *vengeance*; Polkhall-pharaschal, *qui met à mort les profanes*; quand ils s'abordent dans leurs assemblées ils font le simulacre de se poignarder; ils portent, pour se reconnaître, un anneau d'or émaillé de rouge; lorsqu'ils entrent en loge, ils ont seuls le droit de traverser l'enceinte qui se trouve en face du trône, et ceux des autres francs-maçons qui ne les connaissent pas ne doivent jamais s'informer de leurs noms.

Dans les premiers temps, faibles, sans biens, sans puissance, les successeurs des Templiers ne s'occupèrent qu'à chercher les trésors enfouis par leurs fondateurs. Ils en ont recouvré beaucoup en Italie; il en doit exister encore dans l'île de Candie; mais cette île est sous la domination des Turcs, et voilà ce que les chrétiens n'ont pas à regretter.

Il est à remarquer que ce fut à l'époque de la création des loges maçoniques que parut le fameux Rienzi, qui finit par citer au tribunal du peuple romain le Souverain Pontife et l'Empereur d'Occident. Il eut assez de crédit pour se rendre formidable à ces deux puissances, et Rienzi doit être compté parmi les plus illustres Templiers.

Les chefs de loge ont pour principe que tout homme capable de porter un *grand coup* peut leur être affilié, quels que soient son rang, son état et la religion dans laquelle il est né; mais d'après leurs statuts, il ne faut jamais commettre de crimes à moins qu'ils ne puissent tendre au but principal de l'institution en fomentant, dirigeant ou servant les séditions populaires; aussi trouve-t-on des initiés parmi les musulmans comme chez les chrétiens, parmi les grands comme aux derniers rangs du peuple, et la loi qui les régit s'est toujours appelée *constitution*.

Leurs signes et leurs emblêmes sont ceux que les révolutionnaires de France ont adoptés. Les trois couleurs sont celles des francs-maçons; le niveau, l'équerre et le compas marquent l'égalité, l'unité, la fraternité; l'acacia, cet arbre consacré par leurs rites, et qui, suivant la formule maçonique, *ne fleurit qu'arrosé de sang*, est notre arbre de la liberté; il n'est pas jusqu'au bonnet rouge qu'on ne retrouve dans plusieurs de leurs cérémonies, et cet insigne du régicide est un des ornemens qui furent présentés à Cromwel le jour de son installation (1).

On a cru pouvoir affirmer que Brockagliff, Mazaniello, le duc de Mayenne et lord Derwentwaters étaient initiés aux mystères du Temple; mais il est certain que, sous la minorité de Henri VI, l'Angleterre était déjà troublée par les francs-maçons; car le parlement leur défendit de tenir chapitre, sous peine d'amende et de prison, par un statut de l'année 1428.

---

(1) *Voyez* la Vie d'Olivier Cromwell, Protecteur d'Angleterre; édit. d'Amsterdam, part. 2, fol. 278.

Dans les occasions les plus importantes, chaque chapitre envoie toujours un membre voyageur pour visiter les autres loges-mères, et si Cagliostro revint de Naples à Paris, à l'occasion de l'affaire du collier, ce fut principalement pour qu'il y eût à proximité de la cour de France un initié qui pût conspirer contre elle. Chassé de Paris, Cagliostro voulut fonder une loge à Rome ; accusé devant le tribunal apostolique, il fut reconnu coupable de plusieurs crimes et condamné à mort ; mais le pape Pie VI avait commué sa peine en celle d'une prison perpétuelle. Il est mort au château de Saint-Léon, en 1795, âgé de 52 ans.

Il avait paru en 1791 un extrait de la procédure instruite à Rome, et les aveux de Cagliostro ont mis au grand jour les rapports de la franc-maçonnerie de *stricte observance* avec la révolution française. On a trouvé dans les effets de Thomas Ximénès, ainsi que dans la cassette de Cagliostro, des croix sur lesquelles on voyait les initiales L. P. D., et ces deux adeptes ont fini par avouer qu'elles signifiaient *lilium pedibus destrue* : FOULEZ LES LYS AUX PIEDS.

C'est par la prise de la Bastille que la révolution française a commencé, et l'on a pensé que les initiés français ne la désignèrent avec tant d'empressement à la destruction que pour manifester leur pouvoir aux autres chapitres, et parce qu'elle avait été la prison de leur fondateur.

Avignon devint bientôt le théâtre des plus épouvantables cruautés ; plusieurs initiés ont déclaré que c'est parce que cette ville appartenait au Saint-Siége et qu'elle renfermait les cendres de Molay ; du reste Avignon, comme on le sait, est une de leur colonies les plus florissantes, et les maçons du comtat vénaissin ont toujours été plus nombreux, plus actifs et plus *éclairés* qu'ailleurs.

Pendant les deux ans qui suivirent la prise de la Bastille, les adeptes de Paris tinrent chapitre dans le palais du Duc d'Orléans, leur grand-maître, et c'est là que le Duc d'Aiguillon, Lepelletier, Clootz, l'abbé Sieyès, Mirabeau, Robespierre, disposaient les plans qu'ils livraient ensuite aux conjurés du second ordre pour les traduire en langage philosophique et révolutionnaire. Si toutes les effigies de nos rois furent abattues, ce fut principalement pour faire disparaître celle de Henri IV, qui couvrait la place où les Templiers furent suppliciés ; toutefois il est à remarquer que les révolutionnaires ont présenté plusieurs pétitions pour faire élever, toujours sur cette même place et *jamais ailleurs*, un colosse foulant aux pieds des croix, des couronnes et des tiares.

Le Roi de Suède était pour Louis XVI un allié fidèle ; à l'époque du départ pour Varennes, Gustave s'était avancé jusqu'aux frontières pour recevoir l'illustre fugitif et pour protéger sa retraite ; le monarque suédois fut assassiné par Ankastrœum, illuminé franc-maçon du premier grade. Mais comme tout Templier *peut gouverner et ne peut pas régner*, on vit aussitôt le Duc de Sudermanie, chef de la loge-mère du Nord, faire alliance avec les jacobins français, enlever aux nobles suédois la plupart de leurs privilèges, et travailler sans relâche à diminuer la prérogative du jeune Roi dont il était l'oncle et le tuteur (1).

Pour arriver au but marqué par les initiés, les partisans du Duc d'Orléans avaient manœuvré depuis 1786, afin de le faire parvenir au gouvernement de l'État. Mais Robespierre observa qu'il n'était pas suffisant d'avoir *changé de nom*, et le grand-maître de Paris fut sacrifié.

Si l'on en croit les gazettes d'Allemagne, d'Angleterre et d'Italie, l'Empereur Léopold aurait été empoisonné par un maçon *grand élu*, son valet de chambre, et du reste nous trouvons dans le *Journal des jacobins* de cette époque, article *correspondance*, que cet homme avait avoué son crime en déclarant qu'on lui avait remis plusieurs sommes considérables au nom du Duc d'Orléans, grand-maître de Paris. A la même époque, à Rome, on pendit un malfaiteur au Campo-Vaccino ; son visage était couvert d'un masque, et le bourreau plaça l'inscription suivante au pied de l'échafaud : C'EST AINSI QUE LA JUSTICE DE NOTRE S. PÈRE ET SEIGNEUR PUNIT LES FRANCS-MAÇONS.

Plusieurs écrivains judicieux, et surtout Georges Smith, ont évidemment prouvé que les Templiers étaient les premiers instituteurs de la franc-maçonnerie, et le récipiendaire le moins intelligent n'en saurait douter pour peu qu'il ait une légère idée de

---

(1). Il a fini par le détrôner au profit du Général Bernadote, et suivant une lettre du Comte de Horn, dont l'Éditeur de cet ouvrage est en possession, le même Duc de Sudermanie aurait fait faire usage au roi, son neveu, à la suite d'une chute, d'une poudre capitale et sternutatoire qui lui aurait dérangé le cerveau. (*Note de l'Éditeur.*)

l'histoire de l'ordre et qu'il observe les cérémonies qui se pratiquent pendant les réceptions.

C'était dans les écrits d'un sophiste son prédécesseur, et dans l'ignorance de son siècle, que Jacques de Molay avait puisé les élémens de son étonnant système; il avait pensé qu'en établissant une société d'hommes asservis aux mêmes passions, dirigés vers le même but et guidés par un intérêt commun, cette société parviendrait à renverser toutes les institutions établies sur l'hérédité naturelle et finirait par s'emparer du pouvoir. Jacques de Molay fut la première victime de son système de corruption; il fut dénoncé et peut-être calomnié par ceux de ses complices qui pouvaient aspirer au magistère de l'ordre; mais sa doctrine leur a survécu, et les gouvernemens *catholiques* ont enfin compris quels étaient l'intention, l'importance et les dangers de ces sortes d'affiliations (1).

(1) Il n'est ignoré de personne, à Paris, qu'un chirurgien-pédicure, appelé le Docteur Fabré-Palaprat, se dit successeur de Jacques de Molay, en qualité de Grand-Maître du Temple, et c'est en cette qualité qu'il a institué deux ou trois évêques, avec un *primat de l'église française*, appelé M. Châtel.

Il est reconnu que le dernier Chevalier du Temple était le Commandeur Jean d'Argenteuil, lequel était resté en possession d'un bénéfice de son ordre et vivait encore en 1556, ainsi qu'il appert des pièces du procès des Templiers à la bibliothèque royale. On voit qu'il se trouve une lacune de 300 ans entre le dernier Templier et M. Fabré-Palaprat, qui se prétend le successeur direct de Jacques de Molay et le dépositaire des archives de l'ordre du Temple. Pour établir sa prétention magistrale, M. Palaprat montre à ses adeptes une pièce intitulée par lui *charte de transmission*, qui rapporte les noms d'une vingtaine de grands-maîtres du Temple, à partir de Jacques de Molay jusqu'à Philippe d'Orléans, neveu de Louis XIV et régent du royaume, ce qui fait supposer que ladite charte a été fabriquée du temps de la régence, et ce qui nous dispensera d'entrer en discussion sur son autorité. A la suite du verbal de l'acte, on trouve écrite une autre liste des prétendus grands-maîtres, successeurs du régent, parmi lesquels on est bien étonné de voir figurer le duc du Maine, et cette liste est terminée par un M. de Brissac, à qui M. Fabré-Palaprat aurait immédiatement succédé dans son magistère. On voit qu'il est superflu d'employer la force du raisonnement pour démolir un pareil échafaudage, et qu'il s'écroulerait au premier assaut de la critique. Occupons-nous présentement de la doctrine religieuse de M. Fabré-Palaprat; car indépendamment de ce qu'il se dit grand-maître, il agit en souverain pontife, il institue des évêques, il consacre et fait communier sous les deux espèces, après dîner, à l'exemple de Bertrand du Guesclin, suivant M. Palaprat, car l'affiliation du *bon connétable* aux *mystères du temple* est une de ses découvertes les plus surprenantes.

Il y a sept à huit ans que ce docteur en chirurgie, successeur de Jacques de Molay, de Bertrand du Guesclin, du duc d'Orléans Philippe Ier, du duc du Maine, et de tant d'autres puissans personnages, avait trouvé sur le quai de Gèvres, en bouquinant, un vieux livre écrit en lettres d'or et dont les initiales, en encre rouge, étaient ornées des figures les plus hétéroclites. Il achète ce manuscrit 25 fr., il le fait voir à M. Dacier, qui lui répond que c'est une dissertation gnostique ou manichéenne, qui doit avoir été copiée par un Grec du Bas-Empire, à peu près au temps de Constantin Copronyme. M. Fabré-Palaprat a fini par trouver un traducteur, consciencieux apparemment, car il n'a voulu remplir aucune lacune et il a laissé en blanc tout ce qui n'était plus lisible ou ce qu'il ne pouvait déchiffrer dans l'original. Le grand-maître a eu soin d'y suppléer dans la copie par les additions les plus favorables à son nouveau système; et voilà l'histoire du LÉVITICON de M. Palaprat, le livre dogmatique des nouveaux Templiers, leur bible manichéenne, où l'on trouve des hymnes en l'honneur du diable, ce que M. Palaprat appelle, on ne sait pourquoi, *la religion chrétienne et primitive selon saint Jean.*

C'est en conséquence de l'affiliation de l'Abbé Châtel avec ces nouveaux manichéens qu'il a été institué *primat des Gaules.*

(*Note de l'Éditeur.*)

CHAPITRE VI.

Le Maréchal de Richelieu veut se marier en troisièmes noces. — Digression sur la cuisine moderne. — Réprobation du Maréchal pour les *ragouts-mêlés*. — Découverte du vin de Bordeaux, grâce au Maréchal de Richelieu. — Sollicitude gastronomique du Duc de Nivernais. — Un dîner du Maréchal de Richelieu pendant la guerre de Hanovre. — Menu de ce dîner publié dans les *Nouvelles à la main.* — M. de la Reynière et son fils. — Régime et sobriété de l'auteur. — Mariage du Maréchal de Richelieu, âgé de 84 ans. — Grossesse de la Maréchale. — Le Duc de Fronsac à Versailles. — Le Maréchal à son lit de mort. — Visite que lui fait l'auteur. — Dévotion du Maréchal de Richelieu pour sainte Geneviève. — Commission dont il charge Mme de Créquy. — Vestris le père à l'hôtel de Richelieu. — Motif de ses assiduités. — Leçon donnée par le vieux Vestris au prince de Lamarck. — Mort du Duc d'Orléans. — Les princes du sang font défendre à Mme de Montesson de porter le grand deuil, etc.

Vous pourrez croire aisément qu'avec un fils comme le sien, le Maréchal de Richelieu ne manqua pas de se trouver dans un isolement bien triste après la mort de sa charmante fille; et plusieurs fois il me parla de manière à faire comprendre qu'il aurait envie de se remarier et qu'il ne serait pas fâché d'épouser Mme de Durfort (1). — Elle est

(1, Georgine O'Connor des Comtes de Sligoe, Comtesse douairière de Durfort et de Verviers. Morte en 1783, sur un navire anglais qui la transportait en Irlande.

(*Note de l'Auteur.*)

modestement raisonnable et sagement douce, ainsi vous ne sauriez mieux faire; épousez-la pour être assuré de mourir chrétiennement. — Il n'y a qu'une difficulté, me répondait-il, c'est qu'elle ne le veut pas, à cause de ce que je suis trop riche et qu'elle est trop pauvre, à ce qu'elle me dit.

— Alors épousez la veuve de M. de Brunoy...

— Elle est par trop riche; et puis, d'ailleurs, je ne répondrais pas de ne la point battre. Nous nous disputerions continuellement sur les salades à la crème et les sultanes en sucre filé qui s'attache aux dents. Elle est entichée de cette nouvelle cuisine qui me paraît d'une bêtise amère, et toute chose à manger est historiée chez elle au point qu'on n'y saurait démêler ce qu'on mange. C'est la femme aux *macédoines*, et que le diable l'emporte! Parlez-moi d'une maîtresse de maison comme vous, pour le bon goût de la véritablement bonne chère, ajoutait le Maréchal. On ne se doute pas combien il faut avoir de finesse dans le tact et de solidité dans le jugement pour organiser et conserver une excellente cuisine avec une office parfaite; et je veux mourir de faim si j'ai vu jamais qu'une personne sans esprit puisse obtenir d'avoir une bonne table pendant six mois. Les friands et les gourmands ne sont pas les fins gourmets, et rien n'est si funeste au talent d'un fin cuisinier que la sotte recherche ou la goinfrerie de son maître. Pour faire bonne chère, il ne faut, après l'argent et la bonne intention, que de la sobriété, de la mémoire et du bon sens. Si l'imagination doit être appelée *la folle du logis*, c'est principalement dans la cuisine et la salle à manger; voyez plutôt les belles inventions de ce temps-ci! Vous me dites toujours que la monarchie périra par les finances, et moi je vous dis que les financiers perdront la cuisine française. Qui vivra verra.

Il est assez connu que nous étions, le Maréchal et moi, les deux personnes de notre temps qui mangeaient le moins et chez lesquelles on mangeait le plus. J'avais hérité d'un trésor de traditions admirables, et j'ai toujours tenu fortement à mes traditions. On est généralement persuadé que tous les ragoûts fins sont d'invention nouvelle, et rien n'est moins vrai pourtant. On voit dans les *dispensaires* du XVIᵉ siècle qu'on servait à la table de François Iᵉʳ des cervelles de faisan, des langues de carpe et des foies de lotte étuvés au vin d'Espagne. Notre excellent potage *à la Reine* (à la purée de blanc de poularde et d'avelines) était la soupe de tous les jeudis à la cour des Valois, et son nom lui vient de la prédilection de la Reine Marguerite. Je n'ai jamais repoussé les innovations heureuses ; mais, à l'exception des bisques à la purée de *petits crabes*, des timballes aux *œufs de caille*, et des glaces au *pain bis*, tranchées de glace au *beurre frais*, je vous puis assurer qu'on n'a rien inventé qui fût satisfaisant ni distingué, depuis soixante et quinze ans que je mange et que je fais manger les autres. C'est principalement à dater de la mort de Louis XV que le véritable savoir gastronomique, et par conséquent la science du cuisinier, s'en sont allés dégringolant.

Quand le Duc de Nivernais était obligé de changer ses chefs de cuisine, ou lorsqu'on avait appris quelque nouveauté qui nous paraissait admissible, il avait la patience et la conscience de s'en faire servir et d'en goûter huit jours de suite, afin de conduire et faire aboutir la chose au point de sa perfection. Il avait le palais tellement bien exercé qu'il pouvait distinguer si le blanc d'une aile de volaille était provenu du côté droit (c'est-à-dire du côté du fiel), et j'en ai vu l'expérience; il se moquait de votre grand-père qui ne s'entendait à rien de ce qui se laisse manger, et qui lui disait à souper chez nous, en lui proposant de l'esturgeon : — Voulez-vous de cet émincé de veau? il est bon, mais il a comme un goût de poisson, je vous en préviens. Le Richelieu se prit à me dire : — Que je serais honteux et malheureux si j'étais la femme d'un homme comme ça !

Le Président Hénault rapportait sur M. de Richelieu une historiette qui lui semblait fort intéressante, et qui vous prouvera du moins quelle était son aptitude et son expérience *culinaire*, comme disait le Président. C'était à la guerre d'Hanovre, où le pays se trouvait dévasté tout autour de l'armée française à plus de vingt lieues à la ronde. On avait fait prisonniers tous les Princes et toutes les Princesses d'Ostfrise au nombre de vingt-cinq personnes, auxquelles il est bon d'ajouter encore une certaine quantité de filles d'honneur et de chambellans. Le Maréchal de Richelieu avait résolu de leur donner la clé des champs, mais avant de lâcher prise il imagina de leur donner à souper, ce qui mit ses officiers de bouche au désespoir.

— Qu'est-ce que vous avez à la cantine?

— Monseigneur, il n'y a rien, il n'y a rien du tout, si ce n'est un bœuf avec des conserves et des fruits secs, et quelques légumes..

— Eh bien ! c'est plus qu'il n'en faut pour donner le plus joli souper du monde !

— Mais, Monseigneur, on ne pourra jamais...

— Allons donc ! vous ne pourriez jamais ?......
— Rullières, écrivez le menu que je vas vous dicter pour mâcher la besogne à ces ahuris de Chaillot. Savez-vous comment on écrit le tableau d'un menu, Rullières ?... Allons, donnez-moi votre place et votre plume. Et voilà notre généralissime qui s'assied à la table de son secrétaire, où il improvise au bout de la plume un souper classique, un menu qui fut recueilli dans la collection de la Poupelinière, et voici comment il est inscrit dans les *Nouvelle à la main* :

MENU D'UN EXCELLENT SOUPER TOUT EN BOEUF.

DORMANT.

Le grand plateau de vermeil avec la figure équestre du Roi.
Les statues de Du Guesclin, de Dunois, de Bayard et de Turenne.

Ma vaisselle de vermeil avec les armes en relief émaillé.

PREMIER SERVICE.

Une ouille à la Garbure gratinée au consommé de *bœuf*.

Quatre hors-d'œuvre.

Palais de notre *bœuf* à la Sainte-Menehould.	Les rognons de ce *bœuf* à l'oignon frit.
Petits pâtés de hachis de filet de *bœuf* à la ciboulette.	Gras-double à la poulette au jus de limon.

Relevé de potage:

La culotte du *bœuf* garnie de racines au jus.
(*Tournez grotesquement vos racines à cause des Allemands.*)

Six entrées:

La queue de *bœuf* à la purée de marons.

La noix de notre *bœuf* braisée au céleri.

Sa langue en civet (*à la bourguignone.*)

Rissoles de *bœuf* à la purée de noisettes.

Les paupiettes du *bœuf* à l'estoufade aux capucines confites.

Croûtes rôties à la moelle de notre *bœuf*. *Le pain de munition vaudra l'autre.*

SECOND SERVICE.

L'aloyau rôti (*vous l'arroserez de moelle fondue*).
Salade de chicorée à la langue de *bœuf*.
Bœuf à la mode à la gelée blonde mêlée de pistaches.
Gâteau froid de *bœuf* au sang et au vin de Jurançon.
(*Ne vous y trompez pas.*)

Six entremets.

Navets glacés au suc de *bœuf* rôti.

Purée de culs d'artichauds au coulis de *bœuf*.

Tourte de moelle de *bœuf* à la mie de pain et au sucre candi.

Beignets d'amourettes de *bœuf* marinés au jus de bigarades.

Aspic au jus de *bœuf* et aux zestes de citron pralinés.

Gelée de *bœuf* au vin d'Alicante et aux mirabelles.

Et puis tout ce qui me reste de confitures ou conserves.

Si, par un malheureux hasard, ce repas n'était pas très bon, je ferais retenir sur les gages de Muret et de Ronquelère une amende de cent pistoles. Allez, et ne doutez plus. RICHELIEU.

Il m'a conté que le Roi lui disait un jour : — Monsieur le Gouverneur de Septimanie, d'Aquitaine et de Novempopulanie, parlez-moi d'une chose : est-ce qu'on récolte du vin potable en Bourdelais ?

— Sire, il y a des crûs de ce pays-là dont le vin n'est pas mauvais.

— Mais qu'est-ce à dire ?

— Ils ont ce qu'ils appellent du blanc de Sauterne, qui ne vaut pas celui de Montrachet, ni ceux des petits coteaux bourguignons, à beaucoup près, mais qui n'est pourtant pas de la petite bière. Il y a aussi un certain vin de Grave qui sent la pierre à fusil comme une vieille carabine, et qui ressemble au vin de la Moselle, mais il se garde mieux. Ils ont encore, dans le Médoc et le Bazadois, deux ou trois espèces de vins rouges dont les gens de Bordeaux font des gasconades à mourir de rire. Ce serait la meilleure boisson de la terre et du nectar pour la table des dieux, à les entendre, et ce n'est pourtant pas là du vin de Haute-Bourgogne, ou du vin du Rhône, assurément! Ça n'est pas bien généreux ni bien vigoureux, mais il y a du bouquet pas mal, et puis je ne sais quelle sorte de mordant sombre et sournois qui n'est pas désagréable. Au reste, on en pourrait boire autant qu'on voudrait ; il endort son monde, et puis voilà tout. C'est là ce que j'y trouve de mieux.

Pour satisfaire à la juste curiosité du Roi, M. de Richelieu fit venir du vin de Château-Lafitte à Versailles, où S. Majesté le trouva *passable*. On n'aurait jamais imaginé jusque-là qu'on pût faire donner du vin de Bordeaux à ses convives, à moins que ce ne fussent des Bourdelais-Soulois, des Armagnacots, Astaracquois et autres Gascons. Voyez combien les goûts changent, et dites-moi comment vous trouvez celui des Romains qui mettaient de l'assa-fœtida dans leurs ragoûts, tandis qu'ils avaient l'odeur et la saveur des citrons dans une horreur sans égale!

La famille de finance la plus renommée pour ses prétentions, ses recherches gastronomiques et ses autres ridicules, était celle de la Reynière. Il est inutile de vous en rapporter des détails qui traînent partout; je ne vous parlerai pas ici de la sotte vanité de Mme de la Reynière, née de Jarente, non plus que des affectations populacières de M. son fils, né Grimod. Je vais en rapporter seulement une historiette, et c'est parce que je ne l'ai vue citée nulle part.

Le père la Reynière, qui revenait d'une inspection financière, entre dans une auberge de village et s'en va bien vite à la cuisine afin d'y faire quelque bonne remarque et pour y procéder à l'organisation de son souper. Il y voit devant le feu sept dindes à la même broche, et pourtant l'aubergiste n'avait à lui donner, disait-il, que des fèves au lard.

— Mais toutes ces dindes? — Elles sont retenues par un monsieur de Paris. — Un monsieur tout seul? — Il est tout seul comme l'as de pique. — Mais c'est un Gargantua comme on n'en vit jamais! enseignez-moi donc sa chambre...

Il y trouva son fils qui s'en allait en Suisse. — Comment donc! c'est vous qui faites embrocher sept dindes pour votre souper!

— Monsieur, lui répond son aimable enfant, je

comprends que vous soyez péniblement affecté de me voir manifester des goûts si vulgaires et si peu conformes à la distinction de ma naissance, mais je n'avais pas le choix des alimens : il n'y avait que cela dans la maison.

— Parbleu! je ne vous reproche pas de manger de la dinde à défaut de poularde ; en voyage on est bien obligé de manger ce qu'on trouve ; c'est une épreuve à supporter et je viens d'en avoir de rudes! mais la chose qui m'étonne est ce nombre de sept, et pourquoi donc faire?

— Monsieur, je vous avais ouï dire assez souvent qu'il n'y a presque rien de bon dans une grosse dinde, et je n'en voulais manger que les *sot-l'y-laisse*.

— Ceci, répliqua son père, est un peu dispendieux (pour un jeune homme), mais ça n'est pas déraisonnable, et j'aime à vous voir profiter des observations que je fais.

A présent que je vous ai parlé gourmandise avec un air de suffisance et de résolution déterminée, je suis bien aise de vous déclarer que j'ai toujours été sobre comme un chameau. Vous savez que je ne bois ni vin ni liqueurs, mais ce que vous ne savez peut-être pas, c'est que je n'ai jamais bu que de l'eau, si non pendant mes grossesses, où les médecins m'obligeaient à faire usage de vin sucré. Il y aura tantôt cinquante ans que je ne mange autre chose que des légumes étuvés au bouillon de poule, et puis des compotes grillées : ce qui ne veut pas dire qu'on ne s'observe attentivement dans cette partie de ma cuisine, et ce qui ne fait pas que je n'y voie juste et droit dans un horizon si borné. Enfin depuis quarante ans on fait bouillir l'eau que je bois et l'on y fait dissoudre un peu de sucre candi au capillaire; voilà toute la recherche qui me soit personnelle. Vous en conclurez, si vous voulez bien, que ma sensualité n'était pour rien dans la perfection de mes soupers. C'était une affaire de bon procédé, de politesse élégante et soigneuse, et peut-être aussi d'amour-propre, attendu que les personnes avec qui je me trouvais naturellement en relation familière étaient dans les habitudes de la délicatesse la plus exquise. Au reste, il en était alors de la gastronomie comme de la dévotion; les personnes qui s'en occupaient le mieux n'en parlaient jamais.

Je serais bien fâchée que vous devinssiez ce qu'on appelle un gourmand, mais je ne vous exhorte pas à pratiquer la mortification dans le régime alimentaire. Vous n'êtes pas destiné pour le cloître, et vous vivrez dans le plus grand monde. Je ne vous dirai pas, comme les Vaudois et les Albigeois, que le *lait et le miel de la terre sont pour les saints*; mais je vous dirai sérieusement avec l'apôtre : — Usez de toute chose de la terre avec prudence, avec innocence, à la seule condition d'en pouvoir rendre grâce à Dieu qui les a créées et qui vous les a données pour en user. Telle est la maxime de la Compagnie de Jésus relativement aux gens du monde, et rien n'est plus sage. La régularité n'est pas la rigidité, mon Enfant; l'Église ne vous demande que d'être exact et soumis. La religion de l'Homme-Dieu n'a rien d'insociable : l'exigente austérité prônée par les jansénistes ne saurait être et n'a jamais été le catholicisme bien entendu.

Pourtant que le Maréchal de Richelieu n'usât pas toujours des choses créées avec assez d'innocence, on apprit qu'il allait épouser à 84 ans la veuve d'un Gentilhomme irlandais qui avait servi dans la brigade des réfugiés catholiques au service de France, et qui s'appelait M. de Roothe de Nugent. Mᵐᵉ de Roothe était d'une famille chapitrale de Lorraine (au nombre des *petits chevaux*). C'était une Comtesse de Lavaulx, assez belle encore et parfaitement bonne. Elle avait été Chanoinesse de Remiremont, à XVI quartiers ; elle avait la réputation la plus intacte et 40 ans pour toute fortune. — Je ne sais pas si j'aurai beaucoup d'enfans. La Maréchale n'est pas bien jeune.... Il faut vous dire que la Maréchale était devenue grosse, et qu'elle a fait une fausse couche après six mois de mariage, ce qui ne laissait pas d'inquiéter le Duc de Fronsac. Son père l'aperçut un jour qui descendait le grand escalier de Versailles, et il se mit à crier derrière lui : — M. de Fronsac ! M. de Fronsac !

— Monsieur, puisque j'ai l'honneur de vous rencontrer, lui dit-il, j'aurai celui de vous prévenir que je suis marié depuis deux mois. Vous voyez que mes procédés valent mieux que les vôtres, car vous ne m'aviez fait parler du projet de votre mariage que par un intermédiaire. Malgré mes 84 ans, je compte bien avoir un fils et j'espère qu'il sera plus honnête que vous. J'ai l'honneur de vous saluer.

Mᵐᵉ la Maréchale de Richelieu m'avait fait prier d'aller voir son mari pendant sa dernière maladie.

— N'est-ce pas, me dit-il, que j'ai toujours mieux valu qu'on ne le disait ?

Je lui répondis qu'il y avait quelque chose de cela dans son affaire.

— Vous savez bien que je n'ai jamais pu souffrir les économistes et les philosophes ; je leur ai toujours mis des bâtons dans les roues pour les empêcher d'arriver à l'Académie française, et je leur ai toujours dit comme Fontenelle : — Il n'y a point de milieu, mes beaux messieurs, athées, ou le baptême des cloches ! Vous savez aussi que la guerre d'Hanovre m'a coûté deux cent mille écus de mes deniers, comme on le vérifiera bien aisément dans les registres de mon intendance. Je vous proteste que la Présidente de Saint-Vincent n'était qu'une voleuse ; enfin, vous savez que je n'ai jamais eu l'indignité de faire ma cour à M'ame Pompadour et à la Dubarry..

— C'est la vérité, lui répliquai-je ; mais est-ce que vous n'auriez pas eu l'occasion d'offenser Dieu différemment, mon cher Maréchal ?... Ne faites-vous rien pour vous exciter à la contrition ?

— Ah ! dame, la contrition ! n'en a pas qui veut, à ce qu'il paraît. J'ai la crainte de Dieu, qui est le commencement de la sagesse, voilà tout.

— C'est du repentir et du regret que la justice de Dieu réclame de vous.

Ils disent que j'ai l'*attrition ;* c'est toujours autant de gagné, comme disait le Grand-Prieur de Rabutin. Savez-vous, Marquise, à quoi je pense le plus souvent depuis que je suis alité ? J'envisage le mal que j'aurais pu faire et que je n'ai pas fait : et combien c'est un soulagement pour un homme qui va mourir, je ne m'en serais jamais douté. J'ai payé douze cent mille écus pour mon père, en pure compassion de ses pauvres créanciers et sans vouloir profiter de mon bénéfice de substitution. A cause de cet autre accident qui m'était survenu à Gennevilliers, j'ai renoncé à la chasse, pour qui je suis resté passionné toute ma vie. J'ai vendu cette maison, où je ne me pouvais plus souffrir; je n'ai pas remis la main sur un fusil de chasse; ceci n'est peut-être pas sans quelque mérite, et voilà ce que ne font pas tous les Rois quand ils ont fait tuer des soldats par milliers. Il est assez connu des Bordelais que j'ai toujours exercé la justice du Roi mon maître équitablement, sans acception des circonstances ou des personnes. Priez le bon Dieu de me faire miséricorde. J'ai désiré vous revoir avant que de mourir; je voudrais bien, ajouta-t-il à voix basse, que vous allassiez me recommander à la protection de sainte Geneviève. Il y a si long-temps que je vous connais et vous aimiez tant ma fille !...

Je lui recommandai principalement de se réconcilier avec son fils, ce qu'il me promit et ce qu'il exécuta le plus tôt possible. Sa très sotte et très jolie belle-fille approcha de son lit quelques heures avant sa mort, et se mit à lui conter qu'il n'était pas bien malade et qu'elle lui trouvait un visage *charmant*.

— Allons donc! est-ce que vous me prenez pour un miroir? Voilà les dernières paroles qu'il ait dites.

Louis-Antoine-Armand de Vignerod du Plessix, Maréchal Duc de Richelieu, est mort à 93 ans, ou peu s'en fallait, mais il aurait vécu beaucoup plus long-temps s'il avait eu la précaution de soigner un tout petit rhume qui devint un gros catharre et qui finit par une inflammation des bronches. C'était pourtant lui qui me disait toujours : — Soignons-nous bien, prenons bien garde ; une année de plus, un soin de plus ! Je ne sais si je vous ai dit une bonne réponse de ce Maréchal au vieux d'Hangest à qui Mme de Pompadour avait donné mission de le pressentir sur un projet de mariage entre son Alexandrine et M. de Fronsac, âgé de 14 ans. — Ce serait une alliance qui nous ferait beaucoup d'honneur, répliqua-t-il avec un ton d'emphase ; mais comme mon fils a celui d'appartenir, par sa mère, à la maison de Lorraine, il faudra que j'en écrive à l'Empereur, aîné des Princes lorrains. J'espère bien qu'il ne demandera pas mieux.

Mme de Pompadour avait apprécié les intentions ironiques de cette réponse, qui fit rire Louis XV., et dont elle a toujours gardé rancune à M. de Richelieu.

Je voudrais ne pas manquer à vous dire aussi que, pendant cette dernière maladie du Maréchal, le vieux Vestris était continuellement dans ses antichambres et demandait sans relâche à lui parler pour une affaire urgente et majeure. Mme la Maréchale avait fini par découvrir que cette grande affaire était d'engager les quatre premiers gentilshommes de la chambre à solliciter du Roi le cordon noir de Saint-Michel pour lui, le père Vestris, le maître de danse ! — Oh ! par la sambleu ! dit le Maréchal à sa femme, il faut qu'il entre, et, pourtant que je vous en demande pardon, Madame, ayez la bonté de rester là. — Signor Vestris, lui dit-il, il ne serait pas convenable que j'écrivisse au Roi pour lui recom-

mander personne, mais je vous assure que je lui parlerai de vous la première fois que j'irai à Versailles.—Oh ! Monseigneur, puis-je espérer que ?...
— Je ne vous réponds de rien, sinon d'en parler au Roi, mais vous pouvez compter que je n'y manquerai pas si je puis sortir de mon lit avant ma mort, et je vous réponds qu'il s'en divertira.

Il était impossible que je ne vous disse pas quelques mots sur ce vieux coryphée qui doit être compté parmi les singularités du dix-huitième siècle. On n'a jamais réuni tant de fanatisme chorégraphique et de niaiserie à plus d'esprit naturel, à plus de finesse dans les observations et d'originalité dans leur expression (1). Le père Vestris avait donné des leçons de contenance et de révérences à ma belle-fille, à qui je l'ai ouï dire des choses et donner des avis d'une subtilité d'intelligence incomparable ; j'ai retrouvé dernièrement et bien à propos le programme ou plutôt la copie d'une leçon qu'il avait donnée devant mon fils au Prince de Lamarck, et que Rullières avait écrite sous leur dictée. Vous connaissez la bonne mémoire et le talent d'imitation de votre père ; ce sera comme si vous entendiez *lé Diû*

---

(1) Un de ses ridicules était de vouloir absolument dissimuler son âge. Une danseuse émérite ayant dit qu'elle avait été son écolière :—*Oh ! mignonne Rosette,* fut-il lui dire (votre père et mes neveux se trouvaient sur la scène), *vous débitez avoir pris leçons de moi ; mais, bachelette, vous en donniez depuis vingt ans que je n'en prenais point encore !* — Elle me croit, dit-il en se retournant avec un air juvénile et moqueur, — Elle me croit un *Saturne de la Fable, ou le Destin d'Homère !*.....

(*Note de l'Auteur.*)

dé la danse. Écoutez donc le grand Vestris, et tenez-vous droit.

« Voyons, Mousieur lé Prince, là bien ; salűez d'abord..... salűez..... Sa Majesté l'Impératrice d'Allémagne.... Ah! plus bas! Monsieur, plus bas (*ceci très vite*)! Vous restérez trois quarts dé sécunde avant de vous réléver.... Là bien.

« En vous relévant, Mousieur, vous dévez tourner légèrement et modestement la tête vers la main droite de S. M. Impériale et Apostolique. Baisez cette main qui porte lé sceptre (sans oser toutéfois porter vos regards jusqu'au visage auguste dé cette souvérraine).

« Vous né dennérez, Monsieur, aucune sorte d'expression à votré physïonomie en saluant une si grande princesse ; l'air dé respect et même dé crainte est dé rigûr et n'ôte rien dans une moment si terrible à la grâce corporelle.

« Vous vous réprésentérez, s'il est bésoin, tant dé couronnes éblouissantes, dé titres superbes, dé suprêmetés, d'altitudes, dé siècles passés, dé combats à mort et autres grandûrs, qué vous en déviendrez naturellément saisi. Voilà toute.

« A présent, Mousieur lé Prince, salűez Madame la Landgrave dé Hesse-Darmstadt.... Ah! c'est trop bas! trop bas dé quatre pouces. Vous salűez là comme une Reine... Dé la nuance! Mousieur, dé la nuance! Et récommencez......Là, bien, bravissimamenté! — Mais cé n'est rien qu'uné Landgrave à salűer, en sortant dé la cour impériale dé Laxembourg!

« Régardez donc la vénérable damé d'honnûr, et dites-lui de l'air et du sourire: « Sans l'étiquette, jé vous rendrais ici même toutes lés grâces qué jé dois à vos bontés, Madame la Comtesse, à vos vertus, votre grand âge et lé rang qué vous ténez à la cour. »

« Jé voudrais maintenant, Monsieur, vous voir sa‑
lüer la Connétablé dé Rome.... Ah ! mon Prince, qué
vous mé faites, qué vous mé faites dé la peine! Est-ce
donc là lé prix dé tant d'espérience, dé soins, dé labûr
et dé zèle?... Cela n'est pas céla, Monsieur lé Prince, c'est
trop bas pour vous, c'est trop bas! Vous prénez, Diû mé
pardonne! une Excellence pour une Altesse Royale, et
vous lui faites des révérences soumises comme une gen‑
tilhomme du Poitou! Qué votre air ouvert dise agréable‑
ment : « Princesse, j'ai lé cœur épanoui, vraiment, dé
cé qué mon voyage à Rome mé rend loisiblé d'y salüer
uné dame illustrissime, la flûr des belles, et qui fait
honnûr à sa patrie en protégeant les beaux arts.....
Rétournez-vous donc presto-visto du côté du Prince dé
Palestrine, lé fils aîné dé la Connétable, qui sé trouve
poliment dans la gallerie dé sa mère, Mousieur, parce
qu'il a su votre vénue au palais Colonna..... Hélas !
hélas! sango de mi! Qué vois-jé? En croirais-jé mes sens
éperdus?..... Comment, comment!.... Pauvre jeune
homme!.... Vous lé salüez dé cette triste mine anglaise
qui est toute au plus bonne à faire l'aumône à des galé‑
riens! Lé voilà bien récompensé dé sa prévénance ur‑
baine! Et qu'en arrive-t-il, mon Prince? il vous regardé
froid, il va vous éplucher, vous critiquer, vous prendre
en haine... Il est votre ennémi; rien n'y féra; c'est sans
rémède!

« Qué cetté léçon, Mousieur, vous préservé pour une
autré fois, et quand vous allez voir arriver Don Gaétano
Colonna, son frère, qué votre air aimable lui disé
d'abord avant dé parler : « Jé suis charmé véritablement
dé faire votré connaissance; jé désire votre amitié,
jé vous offre la mienne (l'air fier et capable), ellé vaut
son prix!... »

« Sans trop prévénir, prévénez toujours, Monsieur lé
Prince, vous vous en trouvérez fort bien; croyez-moi;

fa sotté modé dé raidûr actuelle né tient jamais contre une air affable; où l'on voit cépendant : Qui s'y frotte, s'y pique, cetté dévise dé Charlémagné, jé crois ; n'importe pas.

« A présent, Monsieur, descendons dé quelques dégrés; rendez lé salut à une fameux virtuose. Salüez libéralément;... « Prénez garde à cé qué vous allez faire et né vous pressez pas ! Voyez dans un artisté celèbré les délices d'une vaste empire, un homme dé néant qui monte aux astres ! qué les monarques chérissent, ennoblissent, enrichissent... Réprésentez-vous lé viûx Vestris, honoré d'uné pension, décoré du cordon noir (qué j'aurais à présent, là, qué j'aurais là, Monsieur lé Prince, sans cetté luciférique révolution)! Voyez en moi lé chévalier Vestris ! Salüez, Monsieur... Salüez... — Un peu plus bas !.... »

J'allais oublier de vous dire que M. le Duc d'Orléans avait fini par expectorer le peu d'âme et d'esprit qu'il avait eu dans la région stomachique. L'Abbé Maury lui fit une oraison funèbre admirablement curieuse, en ce qu'il n'y parlait d'aucune personne et qu'il y parlait de toute chose. C'était depuis le sceptre jusqu'à la houlette, et depuis le cèdre jusqu'à l'hysope, à l'exemple de Salomon, dont la *Sagesse* avait un certain rapport avec celle de l'Abbé Maury. Mme de Montesson se crut obligée de se retirer dans un couvent jusqu'à la fin de l'année, parce que Nosseigneurs les Princes du sang lui firent savoir que si elle avait le malheur de sortir en grand deuil et voiture drapée, on conduirait son carrosse en fourrière après l'avoir fait descendre sur le pavé. Elle s'en revancha de la belle manière en faisant tapisser en drap noir l'intérieur de son logis, sa tribune à l'église, et jusqu'à l'escalier qui menait à son parloir. C'est le Duc de Chartres, aujourd'hui Duc d'Orléans, qui est devenu le gendre de M. le Duc de Penthièvre. Il avait toujours été sans esprit, sans courage et sans dignité. Plût à Dieu que je n'eusse aucune autre chose à vous dire de lui !

CHAPITRE VII.

Jean-Jacques Rousseau. — Thérèse Levasseur. — Les quatre
poulardes et le secret. — Le Cardinal Giraud cu Girao,
filleul de l'auteur. — Sa fortune ecclésiastique. — Soupçons
contre la loyauté de sa conduite envers le Saint-Siége. —
Son ministère et sa mort subite. — Le testateur inconnu. —
Voyage de Pie VI en Autriche. — Retour du Saint-Père. —
Conduite inexplicable et bénédiction silencieuse. — Dispari-
tion d'un cadavre à l'hôpital du Saint-Esprit. — Sédition
populaire à cette occasion. — Testament du Cardinal Girao.
— Ses neveux. — Les neveux de Gabrielle d'Estrées. —
Prodigalité du Comte de la Bourdaisière. — Le Chevalier de
Créquy. — Application de Rabelais par Mme de Louvois. —
Le Cardinal de Belloy, alors évêque de Marseille. — Un legs
du Cardinal Girao pour ses neveux. — Étrange découverte.
— Fondation de Mme de Créquy pour la rédemption de son
filleul.

Je ne sais pourquoi J.-J. Rousseau, qui a bien
voulu parler de moi dans ses Confessions, n'a pas
voulu raconter la manière dont nous avions fait
connaissance, et je ne sais pourquoi il n'y parle pas
non plus de Monsr Giraud, mon filleul.

Il s'était présenté chez moi de la part de Mme Dupin, chez laquelle il était secrétaire (il a dit précepteur), afin de me demander des renseignemens sur
l'honnêteté d'un domestique. Jean-Jacques était alors
un joli jeune homme intelligent, timide, et qui semblait embarrassé par la délicatesse de ses sentimen

et l'infériorité de sa position. J'avais eu l'idée de le renvoyer aux kalendes grecques avec cette commission d'une bourgeoise et ses informations sur un laquais à qui je n'avais jamais dit quatre paroles et qu'on avait renvoyé sans que je me souvinsse à quel propos; mais sa physionomie m'intéressa : — Attendez, lui dis-je; et je fis appeler Dupont, dont les réponses ne furent pas autrement défavorables à ce domestique. C'était moi qui avais ordonné de le casser aux gages, parce qu'il était protestant, disait-il, et qu'il ne voulait pas assister, dans ma chapelle, à la prière du soir.

— Je suis aussi... je suis protestant, répondit ce jeune homme avec un air de douceur et de mélancolie.

— En êtes-vous bien sûr? lui dis-je, et nous voilà faisant de la controverse à qui mieux mieux. On vint m'annoncer Mgr le Nonce Apostolique.

— Arrivez donc, mon filleul, et venez m'aider à triompher d'un calviniste. Je fais asseoir le mandataire de Mme Dupin; nous parlons de l'Évêque de Genève et de Mme de Solar, du château de Chenonceaux, de la Suisse, de Voltaire; enfin, je trouve à ce M. Rousseau beaucoup d'esprit, le cœur chaud, du savoir et de la candeur, malgré qu'on en dise. Je l'assurai que je le reverrais avec plaisir, et je me levai pour le saluer en partant, ce qu'il n'a jamais oublié. Il m'a dit cent fois que c'était un encouragement dont il avait eu besoin pour oser se représenter dans mon salon, parmi des *Altesses* et des *Illustrissimes*. Il est venu me voir environ tous les huit jours, à peu près pendant quatre ans. Comme il était persuadé de ma véritable affection pour lui, il écoutait de moi les vérités les plus sévères, et c'était sans en être irrité ni fâché. Dans les derniers temps de son séjour à Paris, je faisais fermer ma porte aussitôt qu'il était entré chez moi. Je le grondais, je le faisais pleurer, et mes reproches portaient principalement sur ce qu'il était venu me faire de fausses confidences. Il y avait plus d'illusions dans sa tête que de manque de véracité dans son caractère; voilà ce que j'ai reconnu plus tard et ce qui m'a fait regretter de n'avoir pas été plus indulgente pour lui. Il n'avait conservé d'amis que le soleil; mais au plus fort de sa misanthropie, de sa misère et des privations qui suivaient sa pauvreté, c'était à moi....

Mais voilà que j'en pleure et que j'en tremble! j'allais écrire étourdiment ce que je n'ai jamais voulu dire à personne. La confiance de Rousseau ne sera pas trompée, même après sa mort; les mystères de son amour-propre et les petits secrets de notre amitié resteront ensevelis avec moi.

Je reviendrai successivement sur tout ce qui se rapporte à ce pauvre Jean-Jacques, mais pour ne pas oublier un détail infime et bien misérable, en vérité, qui me revient à l'esprit en pensant à Thérèse Levasseur, je vous dirai qu'au plus fort de la sauvagerie de *son homme* (elle ne savait parler qu'en femme de la halle), elle ne manquait pas de venir chez moi tous les samedis pour y prendre quatre grosses poulardes du Mans, dont je faisais la rente hebdomadaire à M. Rousseau, qui préférait cette sorte de comestible à toute autre. Son petit ménage en aurait eu pour toute la semaine, et c'était un de mes calculs de prévoyance et de soulagement pour lui (1).

— Je vous rends mille grâces, me disait-il ensuite, pour ce bon vieux coq dont notre pot-au-feu s'est très bien trouvé ; il n'est rien qui fasse de meilleur bouillon qu'un vieux coq.

— Un vieux quoi, dites-vous?

— Mais un vieux coq, une vieille poule, une vieille volaille comme celles que vous avez la bonté de faire donner à Mlle Levasseur.

Je parlais d'autre chose afin de ne pas tracasser contre cette vilaine Thérèse, qui vendait nos belles poulardes pour en acheter des charcuteries et des poissons fumés dont elle était singulièrement friande. Elle a fini par se remarier avec un valet de M. Girardin. Voyez comme l'auteur de la Nouvelle Héloïse avait bien appliqué sa principale affection ! Venons présentement à M. le Nonce apostolique.

Je vous ai déjà dit que cet enfant de M. Giraud, que j'avais tenu sur les fonts de baptême en passant à Lyon, était devenu successivement l'Abbé, le Prélat et le Cardinal Girao, *nella parola romana*. Après avoir achevé ses quatre ans de nonciature à Paris, il fut pourvu de l'archevêché de Ravenne, et puis il fut créé Cardinal, ainsi qu'il est usité depuis 400 ans pour tous les Prélats qui ont exercé l'emploi de Nonce Apostolique auprès des Rois de France et d'Espagne. Enfin le Cardinal Girao a été secrétaire d'Etat, et chargé des principales affaires de l'Eglise pendant la première partie du pontificat de Pie VI.

(1) *Voyez* la 2e lettre de Rousseau à Mme de Crequy à la fin de cet ouvrage.

Il ne m'appartient pas d'émettre un avis, et je ne suis pas dans l'obligation de me prononcer sur la loyauté de sa conduite à l'égard du Saint-Siége; mais ce que j'en puis dire ainsi que tout le monde, c'est que, pendant son séjour à Vienne et ses conférences avec l'Empereur Joseph, le Saint-Père eut l'occasion de vérifier que certains priviléges abusifs, invoqués par la cour de Vienne, étaient véritablement stipulés dans plusieurs bulles émanées de sa chancellerie pontificale, lesquelles bulles n'avaient jamais été ni signées ni scellées par ordre de Sa Sainteté, sinon par supercherie, par surprise ou par la trahison de quelque protodataire.

Le Cardinal secrétaire, en qui N. S. P. le Pape avait toujours eu la plus grande confiance, avait été nommé Vicaire du Saint-Siége pour tout le temps du voyage et du séjour de S. S. dans les États autrichiens; je ne sais si la conscience du Cardinal ne lui faisait aucun autre reproche, et je ne sais pas non plus si, depuis le départ du Pape, il administrait l'État de l'Église avec la même sécurité; mais toujours est-il qu'il eut connaissance d'un ordre que le gouverneur du château Saint-Ange avait reçu directement du Saint-Père à l'effet de faire disposer le grand appartement de cette prison, lequel ne s'ouvrait jamais que pour incarcérer un Cardinal ou un Prince romain. Le retour du Pape était annoncé pour la fin du mois, et le Cardinal Girao s'empressa d'inviter et de réunir chez lui les principaux membres du sacré-collége, le corps diplomatique et les primats de la haute noblesse de Rome, pour leur donner un souper magnifique. Il y avait quatre-vingt-douze personnes à la même table ; le Cardinal était assis entre la Connétable Colonne et la Marquise d'Aubeterre, ambassadrice de France, et celle-ci m'a dit que la physionomie de S. Em. n'avait eu rien de soucieux. Il avait mangé de bon appétit ; mais à la fin du second service il se pencha la tête sur son assiette en disant qu'il se trouvait mal et qu'il allait mourir. On l'emporta dans son appartement, et comme, à cela près des yeux qu'il tenait fermés, il n'avait sur la figure aucune rougeur, aucun mouvement convulsif, aucun symptôme de souffrance, on espéra que ce serait une indisposition passagère. Ce fut le Comte André Girao, son neveu, qui vint prendre sa place à table et qui fit les honneurs du palais pendant le reste de la soirée.

On apprit le lendemain matin que le Cardinal tait mort à trois heures après minuit, et qu'on n'avait eu que le temps de lui faire administrer l'extrême-onction. On exposa son corps à la vénération du peuple romain ; son visage était recouvert d'un masque de cire à son effigie (c'est la coutume); on l'inhuma le sixième jour, et le Pape arriva précisément pendant que le cortége défilait sur la place du Peuple. Sa Sainteté fit arrêter le cercueil et lui donna sa bénédiction ; mais elle ne proféra pas une seule parole de regret ; et ceci fit supposer qu'il avait dû se passer dans le cœur et les sentimens de ce prince, le plus affectueux des hommes, une étrange révolution.

Le Cardinal avait souscrit et fait déposer la veille de sa mort, à la chambre apostolique, un testament par lequel il instituait pour ses héritiers le Pape Pie VI et le chapitre de l'église de Saint-Pierre, et l'on aprit aussi que le Duc de Braschi, neveu du Pape, avait requis l'opposition des scellés sur tous les papiers du Cardinal-Vicaire, immédiatement après sa mort. Les Comtes Girao se trouvèrent privés de la succession de leur oncle, mais le Saint-Père y suppléa par une pension viagère, et du reste ils avaient eu chacun soixante-dix mille livres de rente à la mort de mon compère Giraud, qui était leur aïeul. Ainsi ne les plaignez pas sans les blâmer pour avoir mangé toute leur fortune en extravagances, et par exemple en entreprises de défrichemens et de desséchement. Voyez la belle imaginative, au lieu de se tenir tranquilles avec leurs quarante-six mille écus de rente! Mais ils avaient dans le sang l'amour du bénéfice et du hazardeux, et c'est presque toujours ainsi que toutes ces familles enrichies par le négoce et sorties du commerce finissent par retomber dans leur pauvreté originelle.

Vous saurez présentement que l'hôpital du Saint-Esprit n'était séparé du palais Girao que par une cour et par un terrain de servitude où se trouvait un *refroidissorio* pour les morts de l'hôpital. On y avait déposé le corps d'un transtévérin, lequel cadavre avait disparu pendant la nuit où mourut le Cardinal-Vicaire. La famille de cet homme était arrivée le lendemain matin pour procéder à son ensevelissement, et puis à ses funérailles dans l'église de leur paroisse au-delà du Tibre; mais, comme les administrateurs de l'hospice n'avaient pu leur délivrer le corps de leur parent ni leur dire ce qu'il était devenu, ces plébéiens transtévères en firent grand bruit ; il se mutinèrent et se portèrent avec une foule de peuple à l'amphithéâtre de chirurgie, qu'ils assaillirent en grand tumulte et qu'ils dévastèrent, ensuite ils retournèrent au Spirito-Santo pour y fouiller le cimetière de l'hospice, ce qui fut pareillement sans résultat pour leur recherche. On fut obligé de faire marcher contre eux la garde pontificale, et la sédition dura trois jours.

On avait fait en outre une singulière remarque. On se disait tout bas que le Cardinal Girao n'avait pas voulu recevoir l'Eucharistie, sur son lit de mort, et que les *Preti-parocchi* qu'on avait fait venir pour lui donner les derniers sacremens avaient été mandés à Castel Gandolfo pour y être interrogés par le Saint-Père. Il paraît que le Cardinal avait donné plusieurs signes de connaissance et d'assentiment pendant l'administration des sacremens de pénitence et d'extrême-onction ; il avait fait le signe de la croix lorsqu'on avait prononcé l'*Absolvo te*, et quand on approcha le crucifix de ses lèvres, il y porta la main pour l'y retenir avec une expression de piété fervente ; mais toutes les fois qu'on avait essayé de lui administrer le Saint-Viatique, il avait serré les lèvres avec un mouvement de frayeur et de contraction visible. — Était-ce pour ne pas commettre un sacrilége ? — Il avait pourtant reçu l'absolution. — C'était peut-être que sa maladie provenait d'une indigestion dont il avait le sentiment et dont il redoutait les suites..... Je vous en dirai mon avis plus tard, et, pour le moment, laissons le corps du Transtévère ou du Cardinal dans son cercueil drapé d'écarlate et dans son caveau de Sainte-Marie-Majeure.

Indépendamment des Comtes Girao, mon filleul avait laissé trois autres neveux, fils de sa sœur, Mme de la Bourdaisière, et c'étaient trois jeunes Messieurs qui auraient eu grand besoin de la succession d'un Cardinal Exarque de Ravenne et pensionné de l'Autriche. Le dernier Duc de Vendôme leur avait pourtant légué quatre cent mille écus, parce qu'ils étaient parens de sa grand'mère, Gabrielle d'Estrées, laquelle était fille d'une certaine Françoise Babou de la Bourdaisière, dont il est assez parlé dans les mémoires et les satires de son temps. Ils avaient hérité de je ne sais combien de millions par la maison de Longueval et la succession du vieux Manicamp; mais tout cela fut engouffré dans un abîme sans fond et sans rivages. L'aîné des trois frères était le moins déraisonnable de la famille; et, pour avoir une idée de son bon ménage, écoutez l'anecdote suivante :

Il avait fait un admirable trait d'héroïsme en Hongrie, et l'Impératrice Reine l'en avait récompensé par le don d'une riche et superbe terre en Silésie. Par un sentiment d'irritation contre la jalousie des officiers autrichiens, à l'honneur de la libéralité française, et pour éviter qu'on n'attribuât cet acte de bravoure à des idées mercenaires, il avait eu la délicatesse de vendre sa baronnie de Sporthemberg à un fournisseur des armées impériales qui la lui paya cent soixante mille florins d'Empire en espèces sonnantes. Alors il avait déclare, *sur son honneur*, qu'il allait non-seulement dépenser tout cet argent-là pendant les deux mois de son quartier d'hiver à Neustadt, mais, de plus, qu'il s'engageait à contracter pour dix mille florins de dettes, hypothéquées sur ses terres de France et sur les appointemens de son grade.

Il se trouva que, pour satisfaire à sa parole d'honneur, il fallait dépenser environ cinq mille cinq cents florins par jour, ce qui n'était guère aisé dans une aussi petite ville que Neustadt; aussi, craignait-il de s'être aventuré légèrement et d'avoir compromis sa parole. On lui représenta qu'il pouvait employer une partie de son argent à soulager des misérables; mais il rejeta cette proposition, disant qu'il avait promis de manger l'argent qu'il tenait de la générosité de Marie-Thérèse, mais non pas d'acquérir, par sa charité, de nouveaux droits à ses rémunérations. Il ajouta que la délicatesse de ses sentimens ne lui permettait pas d'employer en bonnes œuvres un argent qu'il avait juré de manger en folies. Ses pertes au jeu ne devaient pas compter, disait-il, attendu qu'il avait la chance de gagner, et que l'argent perdu n'était pas de l'argent dépensé suivant l'engagement qu'il avait pris.

Un si cruel embarras parut affecter le Comte de la Bourdaisière; il en fut sérieusement préoccupé pendant vingt-quatre heures; ensuite il eut le bonheur de trouver un moyen qui devait mettre sa parole d'honneur à couvert. Il assembla tout ce qu'on put trouver de cuisiniers, de marmitons, de musiciens, de comédiens, de sauteurs, d'escamoteurs et autres personnages de professions aussi vénérables. Il donnait à manger toute la journée, la comédie le soir, avec un bal pendant la nuit; et si, malgré le soin qu'il y mettait, on n'avait pu consommer les cinq mille cinq cents florins destinés aux dépenses de la journée, il en faisait jeter le restant par la fenêtre, en disant qu'une pareille action n'était pas dérogatoire à la prodigalité.

C'était par le Chevalier de Créquy que nous avions appris cette belle aventure de son camarade la Bourdaisière, et la chose était d'autant plus curieuse, en nous arrivant par lui qu'il était le plus avare des hommes. J'aurai de ridicules et d'étranges révélations à vous en faire (de ses économies) lorsque j'en serai là (1).

Mme de Louvois comparait les jeunes la Bourdaisière à ces trois neveux de Papimane à qui leur oncle, l'Evêque Jobelin, faisait toujours de si beaux sermons *pour ce qu'ils buvaient frais et mangeaient volontiers salé, tandis que lui se tenait coy sanistrement devers les femmes, faisant volontiers de nécessité vertu, et jamais d'une pierre deux coups.* Mon filleul avait si bien adopté cette plaisanterie, qu'il employait quelquefois, pour les gronder, les propres expressions de l'Évêque Jobelin *à l'endroit de ses troiz enragez de nepveux,* Rifflandouille, Foliborax et Culipotent (2).

----

(1) Sébastien *légitimé* de Créquy, Chevalier de Malte au grand prieuré de Flandre et Mestre-de-camp de cavalerie au service de France, mort en 1794, âgé de 69 ans. Il était fils naturel du Comte de Créquy-Canaples et de Noble Sébastienne Eymerk, Damoiselle de Riskle en Brabant, *lors solus et non mariés*, porte charte impériale de sa légitimation, datée du 14 juin 1756.

(Note de l'Auteur.)

(2) « Vous estes dévots non plus qu'une hottée de singes et
« doulx comme un baril de moustarde. Vous machinez tout jour

Toute la famille du Cardinal avait fini par tomber dans la détresse, ou peu s'en fallait. Les Babou de la Bourdaisière s'étaient fait tuer l'un après l'autre, et les Girao n'avaient plus guère autre chose que leur pension sur la caisse del Buon-Governo (il y avait treize ans qu'on avait enterré leur oncle), lorsqu'ils reçurent une lettre de l'Évêque de Marseille qui les invitait à venir le trouver dans sa ville épiscopale, et le plus tôt possible, attendu qu'il avait un legs à leur délivrer (1). Ils ne doutèrent pas que ce ne fût quelque restitution relative à la succession de leur père, et pour s'épargner les ennuis du voyage, ils écrivirent à M. de Belloy pour le prier de remettre la somme en question entre les mains d'un banquier marseillais qui avait été le correspondant du vieux Giraud, mon compère, et qui leur en ferait parvenir le montant.

La chose était impraticable en ce qu'il était question d'une cassette dont ce prélat avait promis de ne se dessaisir que pour la remettre en propres mains à l'un des frères Girao. Provoqué par les sollicitations continuelles de l'Évêque, le Comte André finit par se décider à faire le voyage de Provence, et ce fut après six mois de correspondance et d'hésitation qu'il arriva chez M. de Marseille.

« quelque diablerie contre les légistes, le guet, les sergents et les
« dévotes sucrées que vous allez faire damner à l'église.—Oh !
« oh ! leur disait tristement leur oncle Jobelin, vous avez de
« l'entendement comme un bréviaire dezchiré, de la prudence
« comme un limas sortant des fraises, etc. »   (Note de l'Édit.)

(1) Jean-Baptiste de Belloy, mort Archevêque de Paris et Cardinal, en 1808, âgé de 99 ans.   (Note de l'Éditeur.)

La cassette était remplie d'obligations au porteur sur le trésor impérial de Vienne, et contenait en outre une trentaine de beaux diamans dont le Comte André Girao (qui vint à Paris pour les vendre) m'a dit qu'il avait retiré près de 400 mille livres.

— Me voilà délivré d'une obligation qui m'inquiétait sans relâche, et, Dieu merci, vous avez votre cassette entre les mains, lui avait dit le bon Evêque. J'avais été appelé dans une bastide isolée où j'ai trouvé deux ecclésiastiques, italiens, je le suppose à leur accent; l'un d'eux, qui se mourait, m'avait demandé la communion et m'avait fait contracter l'engagement dont je viens de m'acquitter envers vous, Monsieur le Comte. Je n'ai rien voulu savoir et je n'en sais pas davantage; ainsi ne m'en demandez pas plus.

L'Évêque de Marseille, avec qui ma belle-fille et le Marquis de Muy, votre grand-père, étaient d'une intimité parfaite, n'a jamais voulu répondre à aucune de leurs questions sur le Cardinal ou sur le Comte Girao. Celui-ci m'a révélé des choses bien tristes, mais ce qui nous rassérénait cependant pour le salut de son oncle, c'était la sainte frayeur et la résolution qu'il avait montrée pour ne pas communier profanatoirement après souper, en viatique et sans être véritablement en danger de mort... J'étais sa marraine; il en résulte une obligation sacrée, mon Enfant, et je vous recommande l'entretien de la messe que j'ai fondée pour le repos de son âme à Saint Sulpice.

CHAPITRE VIII.

M. le Dauphin. — Son portrait. — Le Duc et la Duchesse de Gramont. — Le château de Mouchy. — Apparition nocturne. — Le vieux Louvigny. — La Maréchale de Lautrec et le Comte de Guiche. — Anecdote sur le Chevalier de Gramont et le grand Condé. — Mort du Dauphin. — Comment Louis XV annonce cette mort à la veuve de son fils. — Comment la Dauphine Marie-Antoinette annonce à son mari la mort de Louis XV. — Le Maréchal du Muy. — Sa mort et l'inscription de sa tombe. — Enfance de Louis XVI, et conversation de ce prince avec ses jeunes frères. — Le Duc de Berry, le Comte de Provence et le Comte d'Artois. — Le Duc de Chartres chez les enfans de France. — Mots du Comte d'Artois. — Mesdames de Mailly, de Vintimille et de Châteauroulx. — Insolence de Linguet et sa correction. — Mme de Talleyrand, mère de l'Évêque d'Autun. — Ses parties de piquet avec les caméristes de Versailles, etc.

Si je ne vous ai pas encore parlé de M. le Dauphin, n'allez pas supposer que ce soit négligence ou distraction : c'est parce que l'idée de sa mort enveloppe toujours ma pensée comme un drap funèbre. Sa fin prématurée m'est toujours présente, et c'est un sujet de regret et d'affliction que je ne saurais aborder sans en éprouver une émotion terrible (1).

(1) Louis de France, Dauphin de Viennois, IXe du nom, o.t à Fontainebleau en 1765, âgé de 36 ans. Laissant de son mariage avec Marie-Josèphe de Saxe Louis-Auguste Duc de

Il a été si douloureusement regretté, il a été si généralement et si justement loué, qu'il ne me resterait pas grand' chose à vous dire de lui, si ce n'est que je vous parlasse de sa parfaite beauté, qui était la moindre de ses perfections ; et c'est peut-être à cause de cela que les écrivains de son temps n'en parlent jamais. On dirait que ses contemporains l'ont imité en n'y songeant pas ; mais toujours est-il que je n'ai vu de ma vie plus admirable figure et physionomie plus attrayante. Son visage et toute sa personne étaient d'une régularité merveilleuse; mais il avait, surtout dans les mouvemens de la bouche et dans la fierté bienveillante et mélancolique de ses grands yeux noirs, une expression que je n'ai vue nulle autre part, à moins que ce ne soit dans quelques tableaux de l'école d'Espagne. C'était bien autre chose que de l'intelligence, de la noblesse et de la dignité princière, c'était une sorte d'élévation sur-humaine, et l'on aurait dit un archange de Murillo. Je disais qu'il regardait tout le monde en *frère aîné,* mais cette comparaison ne signifie rien pour qui n'a pas rencontré ses doux regards de bonté naïve et de sollicitude exquise. On voyait que c'était la perfection sur la terre, il annonçait une mission providentielle; il apportait avec lui la féli-

---

Berry, qui fut depuis le Roi Louis XVI, Louis-Stanislas-Xavier Comte de Provence, aujourd'hui légitime héritier de la couronne de France après le décès de son neveu le Roi Louis XVII, et Charles-Philippe de France, Comte d'Artois, lequel est, jusqu'à présent, le seul descendant de Louis XV qui nous ait laissé postérité masculine.   (*Note de l'Auteur*, 1798.)

cite de la France et la paix du monde ; mais on pressentait que ce serait le parfait bonheur, et qu'on n'en jouirait pas. Les sujets, et peut-être la famille du Roi son père, avaient provoqué des châtimens terribles ; aussi, disions-nous toujours tristement que la France et les Français du dix-huitième siècle n'étaient pas dignes d'être gouvernés par le Dauphin Louis IX.

En jouant avec un fusil de chasse, il avait eu le malheur de blesser un de ses Écuyers, M. de Chambors, lequel en mourut six jours après, par suite de la gangrène et de l'extrême chaleur, car cette blessure avait été des plus légères ; il laissait une jeune femme qu'il adorait et dont il était aimé tendrement; mais l'affliction qu'en éprouva M. le Dauphin fut désespérée, et le Roi lui-même y compatit si généreusement qu'il en fit constituer pour la veuve et les enfans de M. de Chambors une rente de vingt-cinq mille francs sur le domaine de la Couronne. Se trouvant sur le point d'accoucher à l'époque de ce malheur, Mme de Chambors écrivit à M. le Dauphin, pour lui recommander son enfant en cas de mort pour elle, et voici la réponse de son Altesse Royale :

Versailles, 30 février 1756.

« Vos **intérêts**, Madame, et ceux de votre famille
« sont devenus les miens. Je correspondrai toujours
« à tout ce que vous pourrez désirer pour un en-
« fant que j'ai privé de son père. Je serais navré
« que vous crussiez nécessaire de vous adresser à
« tout autre qu'à moi ; sur qui pourriez-vous
« compter avec plus de justice et d'assurance, après

« l'horrible accident dont j'ose à peine me retracer
« l'image et l'idée? Ma seule consolation sera de
« contribuer à la vôtre autant que je le pourrai;
« tout ce que j'ambitionnerais et ce que je désire,
« c'est d'adoucir, s'il est possible, un malheur que
« je me reproche et que je ressens, je vous l'assure,
« avec une amertume inexprimable. Puissiez-vous
« ne plus voir en moi que le tuteur de vos enfans et
« leur père adoptif! »

Louis.

Mme votre mère pourra vous dire comment son oncle, le Maréchal du Muy, ne put survivre à la perte d'un si bon maître, auprès duquel il est inhumé dans le sanctuaire de la cathédrale de Sens. Huc usque luctus meus, *Ma douleur m'a conduit jusqu'ici*, telle est la véridique et touchante inscription de cette noble tombe (1).

Le Dauphin, père de Louis XVI, avait eu la triste prévision des obstacles et des dangers qui devaient environner le trône de son fils, et l'on voit dans l'oraison funèbre du Maréchal du Muy, par l'Évêque de Sénez, qu'on avait trouvé la prière suivante écrite de la main de ce prince sur une page de son livre d'heures.

« O mon Dieu, protégez et conservez-nous votre

---

(1) Louis-Victor de Félix du Muy, Comte de Grignan, Maréchal de France, Ministre de la guerre, Menin de feu M. Dauphin et Chevalier des ordres du Roi, né au Muy en 17 mort à Versailles en 1775, avec la réputation du plus des hommes et du ministre le plus judicieux. *(Note de*

« fidèle serviteur Victor du Muy, afin que si vous
« me destinez à porter le fardeau de cette couronne
« ou si vous y destinez mon fils Louis-Auguste,
« Victor du Muy puisse nous assister et nous soute-
« nir par ses conseils et l'exemple de ses vertus.

Ainsi-soit-il. »

M. le Dauphin m'a raconté qu'en l'année 1764 il était allé chasser au vautrait, dans la forêt de Compiègne, et qu'en étant sorti pour forcer la bête, il se trouva tout seul, et s'égara dans les environs du château de Mouchy, lequel appartenait au Duc de Gramont. Personne ne voyait et n'avait aperçu le Duc de Gramont depuis son mariage, et surtout depuis sa rupture avec sa femme; ils s'attribuaient des torts mutuels et se faisaient des reproches que l'on disait assez mérités de part et d'autre; mais il faut avouer que les griefs de la Duchesse de Gramont contre son mari étaient de la nature la plus grave, ce qui n'empêchait pas que toute la cour ne prît parti pour M. de Gramont contre sa femme, attendu qu'elle était la sœur du Duc de Choiseul.

— Conseillez-moi donc, me disait-elle un jour, et dites-moi ce que je pourrais opposer à des calomnies affreuses...

— Il faudrait, lui dis-je en l'interrompant, que vous fissiez augmenter l'effectif et les cadres de l'armée française, de manière à quadrupler le nombre des régimens de cavalerie : votre frère aurait à distribuer des brevets de colonel à profusion, sans compter des emplois d'officier-général et des grand-croix de Saint-Louis : vous seriez plus blanche que la neige, et M. de Gramont deviendrait un scélérat comme on n'en vit jamais.

— Le beau profit de porter un nom déshonoré! me répondit-elle avec cette fierté qu'elle avait indomptable; et la belle recette que vous m'indiquez là! Ne connaissez-vous pas d'autre moyen?...

— Aucun autre, avec votre caractère et celui de votre frère, lui repliquai-je.

— Hélas, hélas! reprit-elle, il faudra donc que je me résigne à passer pour une indigne créature; et c'est à faire douter de la Providence!..

— Ma pauvre enfant, lui disais-je avec une sorte d'effroi, soyez moins impérieuse et moins altière, affligez-vous en vous humiliant, ne vous raidissez plus sous la main de Dieu, qui n'attend peut-être que cela pour vous consoler en vous exaltant. Ne vous révoltez point : n'allez défier ni Dieu ni le Roi dans le trésor de leurs vengeances; *l'orgueil provoque l'écrasement,* dit la sainte Bible; n'oubliez pas surtout que rien n'est aussi dangereux pour la vertu que la perte de la réputation.

— Je ne l'oublierai point, reprenait-elle en gémissant : je n'ai jamais mérité et j'espère bien ne mériter jamais les calomnies dont on m'accable. On me répète souvent une chose que vous ne me dites pas, parce que vous avez trop d'esprit pour employer avec moi des lieux communs, et c'est à savoir que ma bonne conscience et l'estime de mes amis doivent suffire à ma consolation, ce qui n'est pas vrai le moins du monde.

La chose la plus véritable, et celle dont on se

doutait le moins, c'est que la Duchesse de Gramont était la plus malheureuse personne de la terre ; et la chose du monde la plus curieuse à bien observer, c'était l'incapacité, l'inutilité, le néant de cette sorte de vertu qu'elle avait, vertu païenne, et dont la bonne compagnie de son temps ne lui voulait tenir aucun compte, à raison de ce qu'elle ne présentait aucune garantie, parce qu'elle n'était établie ni appuyée sur aucun principe religieux. Je vous assure que ce débat perpétuel entre son orgueil et son humiliation, entre son innocence et son malheur, on pourrait dire, était une étrange révélation de la perversité du siècle et de l'insanité des jugemens humains.

Pour en revenir à M. le Dauphin, je vous dirai qu'il n'aimait et n'estimait guère le seigneur châtelain de Mouchy, chez lequel il s'était fait annoncer comme un chasseur égaré dans la campagne et attiré par la lumière qui jaillissait par toutes les ouvertures du château, où l'on faisait une orgie qui durait depuis quarante-huit heures (1). M. de Gramont l'envoya recevoir par un maître-d'hôtel, qui le conduisit dans un appartement écarté, mais le Duc de Gramont ne sortit pas de la salle de banquet, et ne s'en dérangea pas autrement. Survint

(1) Antoine-Charles, Duc de Gramont, Pair de France et Prince de Bidoche en Navarre, Comte de Guiche, d'Aster et de Louvigny, Baron de Lesparre et Seigneur du duché d'Aumières. Marié en 1764 à Béatrix de Choiseul-Stainville, Chanoinesse, Comtesse et Coadjutrice de l'abbaye royale et chapitrale de Bouxières-les-Dames. Le Duc de Gramont vient de se remarier à l'âge de 84 ans. *(Note de l'Auteur, en 1801.)*

un valet de chambre, en compagnie d'un laquais, qui portait solennellement une belle robe de chambre, avec un bonnet de nuit à dentelles et des pantoufles à talons rouges; ensuite de quoi le maître-d'hôtel se mit à dresser un couvert pour le souper de M. le Dauphin, qui ne voulut manger que des fruits avec son pain, parce que c'était un soir des quatre-temps, et que la petite table avait été servie toute en gras. M. le Dauphin se fit débotter et fut s'établir après sa collation dans un coin de cette chambre, au plus loin d'un grand feu dont il ne manqua pas de se trouver incommodé, suivant sa disposition naturelle et son amour pour le grand air. Il avait appointé le valet de chambre à deux heures plus tard, afin de procéder à son coucher; il avait fait éteindre la plupart des bougies, qui réchauffaient encore l'atmosphère, et finalement il se mit à réciter son office de l'ordre du Saint-Esprit qu'il savait par cœur

Il entendit d'abord un craquement dans la boiserie, dont il aperçut un panneau qui se mouvait lentement et qui s'ouvrit mystérieusement à la hauteur de quelques degrés au-dessus du parquet. Ensuite il en vit descendre une figure de vieillard accoutré d'une pelisse de fourrure toute blanche, aussi bien que sa longue barbe et ses longs cheveux, sans compter de gros sourcils blancs qui lui retombaient sur les yeux. Le vieillard avait l'air de grelotter. Il se dirigea lentement du côté de la cheminée, devant laquelle il ouvrit ses deux mains diaphanes et glacées, en disant d'une voix frissonnante : — O-o-o! Ou-ou-ou-ou! qu'il y a long-temps que je ne me suis chauffé !..... Après s'être agenouillé devant le feu en ouvrant sa pelisse afin d'en profiter mieux, ce vieillard entreprit de faire avancer un grand fauteuil auprès de la cheminée pour s'y réchauffer plus à son aise, et M. le Dauphin, prenant en pitié le travail et la fatigue que ceci lui pouvait donner, s'empressa de lui apporter un siége au coin du feu.

— Mais, monsieur, s'écria le vieux homme, je ne vous connais point...

— Je ne vous connais pas non plus, répondit le jeune Prince, et je n'en ai pas moins le désir de vous assister.

— Mais qui êtes-vous donc; mon charitable Monsieur?

— Je suis gentilhomme; ainsi vous pouvez compter sur ma loyauté.

— Ne restons pas ici, reprit le vieillard, et si vous en voulez savoir davantage, et que vous n'ayez pas peur du froid, venez dans ma chambre.

M. le Dauphin prit un flambeau qui brûlait sur une table, et se mit à marcher à la suite du vieillard, qui le conduisit, par une multitude de petits couloirs et d'étroits passages, jusque dans une grande salle dont les deux fenêtres étaient masquées par des abat-jours de planches en forme de parquet.

— Voici mon appartement dit-il au Prince, et voici mon portrait, poursuivit-il en lui montrant un grand tableau qui représentait un personnage du XVIe siècle, armé de pied en cap et décoré du collier de St-Michel.

— Je suppose, Monsieur, lui dit le Dauphin, que vous ne devez pas être bien jeune, et je dois penser qu'on vous retient en captivité contre les lois du royaume et le droit du Roi. J'aurai le pouvoir de vous servir, j'espère, et j'attends que vous me disiez comment il se fait que M. de Gramont s'arroge le droit de vous retenir en charte privée.

— La charte privée ne serait de rien pour moi si l'on me donnait du bois et si je pouvais allumer du feu, répliqua l'autre, mais depuis quatorze ou quinze ans... Ici le pauvre frileux fut interrompu par la brusque apparition des valets qui devaient servir au coucher du Prince, et qui, ne l'ayant pas trouvé dans sa chambre, étaient montés par l'ouverture du panneau, que M. le Dauphin n'avait pas eu la précaution de refermer derrière lui. Voilà des gens qui se mettent à l'injurier sur l'indiscrétion téméraire et l'insolence de sa conduite, en le menaçant de la colère de M. de Gramont.

— Allez chercher votre maître, à qui vous direz que le Dauphin demande à lui parler, ici même et sur-le-champ... Je n'ai pas besoin de vous parler de la prodigieuse surprise et de la terreur de ces valets.... M. le Duc ne s'empressa pourtant pas d'obtempérer à l'injonction de Monseigneur : il se fit attendre au moins vingt minutes, ensuite desquelles il apparut avec un air d'autant plus décontenancé qu'il avait la vue des plus troublés et les deux jambes avinées. M. le Dauphin le toisa d'un regard sévère, & l'apostropha sur le fait du vieux prisonnier, qui déclarait être le trisaïeul de M. de Gramont, ce que celui-ci démentit de toutes ses forces en disant que c'était le Comte de Gramont-Louvigny, son arrière-grand-oncle, lequel avait la manie de se croire et de se dire le Maréchal de Monchy-d'Hocquincourt, sans compter qu'il avait l'inconvénient d'allumer des incendies pour peu qu'il eût à sa disposition du feu, des combustibles, ou seulement de la lumière.

— Au moins, devriez-vous l'abriter dans une pièce chauffée par un poêle, répliqua M. le Dauphin.

— Monseigneur, c'est qu'il n'y a de poêle ici que dans la salle à manger....

— Vous pourrez dîner et souper dans une autre chambre, en attendant que vous ayez fait ajuster un ou deux conduits de chaleur à son appartement. Il est centenaire, il est millionnaire, et vous êtes son curateur et son héritier : tâchez de vous arranger de manière à ce qu'il ne meure pas de froid... M. de Louvigny, reprit S. A. R., nous allons descendre ensemble, afin de vous installer dans la salle à manger du château

— Mais, lui répliqua notre maniaque, si vous ne voulez pas convenir que je sois le Maréchal d'Hocquincourt, et si vous ne m'appelez pas mon Cousin, je ne vous reconnaîtrai pas non plus pour être le Dauphin de Viennois, Duc de Champsaur et Comte d'Albon. Je ne veux sortir d'ici qu'à la suite de mon portrait, parce que mon petit-fils de Gramont, qui est un dénaturé, ne manquerait pas d'y faire effacer mon bâton de Maréchal de France et mon collier de l'ordre du Roi, ce qui fait que je ne veux pas le perdre de vue. M. le Dauphin lui dit ; — Laissez-moi faire, et grimpa sur une console afin d'aider aux valets, qui décrochèrent et descendirent ce grand tableau tandis que M. leur maître était dans l'inertie de la stupéfaction, avec la bouche béante, et se frottant les yeux comme si tout ce qu'il croyait entendre et voir avait été l'effet d'une hallucination bachique.

— Allons, mon bon Cousin, disait le jeune Prince à ce vieux Louvigny, descendons ensemble, et soyons bons amis. Je vous reconnais d'autant mieux pour notre parent, que vous êtes issu de la charmante et célèbre Corisande d'Andouins, à ce qu'il me semble (1); j'enverrai souvent votre neveu le Vicomte d'Aster, qui est à moi, pour être enquis si le Duc de Gramont pourvoit à vous faire chauffer convenablement (2)?

Comme de raison, ou plutôt comme de coutume, il se trouva nombre de gens qui dirent que c'était le père du duc de Gramont, que son fils avait fait passer pour mort afin d'usurper son héritage, etc.

C'était, comme vous pensez bien, des ennemis des Choiseul et des amis de Mme Dubarry.

La Maréchale de Lautrec (Marie-Louise de Cha-

---

(1) Diane-Corisande d'Andouins, Comtesse de Guiche, était la grand'mère du Chevalier de Gramont, et celui-ci disait souvent avec regret qu'il n'avait tenu qu'à son père d'être reconnu pour fils naturel d'Henry IV. *(Note de l'Auteur.)*

(2) Antoine-Adrien de Gramont, Vicomte d'Aster, et Menin de Monsieur le Dauphin, lequel avait épousé Marie-Sophie de Faoucq de Garnetost, Dame du palais de la Reine.
(Note de l'Auteur.)

bot) avait toujours de curieuses choses à dire sur le fameux Chevalier de Gramont, comme aussi sur les Hamilton, frères de sa femme, et particulièrement sur le Comte Antoine, rédacteur des Mémoires du Chevalier, ou leur auteur, pour mieux dire; et quand elle se rencontrait chez mon père avec le Vicomte d'Aster, ils s'en faisaient tous les deux de bonnes histoires, avec des battues en rappel de mémoire, où tout le monde prenait plaisir. Il y avait toujours quelque chose d'étrangement impertinent et d'archigascon dans toutes leurs anecdotes sur ledit Chevalier de Gramont, qui se terminaient ordinairement par une escroquerie, ce qui nous scandalisait fortement, vu que ces sortes de violences et de filouteries étaient passées de mode avec la Fronde. La fleur de ses gasconnades était la suivante, et je ne sais pourquoi son beau-frère Hamilton ne l'a pas enregistrée dans ses Mémoires. Il avait reçu l'ordre de traverser je ne sais quelle rivière, et n'en finissait pas, en faisant piaffer sa monture au milieu de cent bouillons d'écume. Le grand Condé, qui s'en impatientait, se mit à lui crier : — Monsieur, n'êtes-vous pas Gascon? — Oui, Monseigneur, et grâce à Dieu ! répondit l'autre en se retournant en selle et saluant profondément M. le prince; mais malheureusement mon cheval ne l'est pas. — C'était, nous disait le Vicomte d'Aster, un cheval normand croisé du limousin, sauf votre respect, et, de plus, il était natif de Chantilly : n'est pas Gascon qui veut !

Une chose que je n'oublierai jamais, c'est qu'ayant passé deux heures auprès du lit de Madame la Dau phine, qui se mourait de douleur depuis que la maladie de son mari ne laissait aucune espérance, je m'étais levée pour aller parler à la Maréchale de Loëwendhal, et j'aperçus le Roi Louis XV qui restait immobile à la porte de la chambre, et qui tenait par la main le jeune Duc de Berry, fils aîné de son fils. Le petit Prince et son aïeul avaient les yeux attachés à terre, et la consternation se lisait sur le visage du Roi. Après avoir eu l'air de balancer pendant deux ou trois minutes, S. M. parut surmonter une hésitation douloureuse, et soupira profondément. — Annoncez, dit-elle à l'huissier, le Roi et Monsieur le Dauphin. Ce fut ainsi que j'appris la mort du Dauphin Louis IX, du nouveau saint Louis (1).

Bien que je ne m'applique et ne m'attache pas beaucoup à récolter et noter les bons mots des petits princes, je me souviens pourtant que j'entendis une autre fois, chez Madame la Dauphine, une conversation d'enfans, qui marquait très bien les caractères des trois fils de M. le Dauphin (2). L'aîné, qui était naturellement judicieux, dit à son frère de Provence : — *Voulez-vous jouer au jeu des définitions ? Qu'est-ce que c'est que le Diable ?* — C'est le Démon, répondit l'autre. — *Mais je ne vous de-*

---

(1) M. de Penthièvre nous a dit hier, 11 mai 1774, que la Dauphine Marie-Antoinette d'Autriche venait d'annoncer à M. le Dauphin son mari la mort de Louis XV avec une délicatesse exquise. — Je viens recevoir, a-t-elle dit en entrant dans le grand cabinet, les ordres de Votre Majesté pour aller avec elle au château de Choisy. (*Note de l'Auteur.*)

(2) Louis XVI, Louis XV et Charles X. (*Note de l'Édit.*)

munde pas si le Diable a plusieurs noms, répliqua le Dauphin, *je voulais savoir si vous aviez retenu que c'était un ange rebelle et déchu.* Ensuite de cela, M. le Comte d'Artois se prit à dire qu'il avait fait *plier* au lieu de *ployer* son épée, et voilà Monsieur qui s'écrie : — Ah ! quel solécisme, et que j'en suis honteux pour vous ! un prince de notre maison ne doit s'exprimer qu'en bon français ; un prince doit savoir parler sa langue. — Et vous, mon frère, lui repartit vivement le Comte d'Artois, qui n'était âgé que de six à sept ans, vous devriez apprendre à *retenir* la vôtre. Enfin M. le duc de Chartres arriva chez Madame la Dauphine, et comme il ne disait que *Monsieur* en adressant la parole aux deux princes cadets, le Comte de Provence observa tout haut que M. le Duc de Chartres agissait cavalièrement, et qu'il était devenu bien familier ; car enfin, disait-il, nous sommes de la famille royale, et comme il n'est que prince du sang, il devrait nous appeler *Monseigneur*. — Plutôt *mon Cousin*, s'écria le Comte d'Artois, qui était le plus aimable enfant du monde. N'est-ce pas, mes frères, il pourra nous appeler mon Cousin, *s'il est bien sage ?*

J'aurais été bien fâchée de vous entretenir *successivement* de Mesdames de Mailly, de Vintimille et de Châteauroulx (1). C'étaient des personnes de trop grande naissance pour que je veuille enregistrer ce

---

(1) Ces belles amies du Roi Louis *le Bien-Aimé* étaient filles de notre cousin Louis de Mailly, Marquis de Nesle, et d'Armande-Félicité de la Porte de la Meilleraye, sœur du Dr de Mazarin.   *(Note de l'Auteur.)*

qu'on en disait et que vous en entendrez dire. C'était de leur part, non pas une affaire de légèreté libertine ou de calcul abject, mais d'entraînement passionné, de faiblesse humaine, et plutôt d'amour éperdu que de galanterie. L'aînée de ces trois sœurs de Nesle en est restée gémissante et désolée pendant 28 ans qu'elle a passés sous un cilice et dans toutes les mortifications de la pénitence. La cadette en est morte de regret, de honte et peut-être aussi de tourment jaloux, car, en dépit des compositeurs de biographies, son amour pour Louis XV était le seul poison qu'elle se fût administré. Son hostilité contre le Duc de Choiseul est une invention fabuleuse, et la cause indiquée par les romanciers comme étant celle de sa mort est une calomnie ridicule. Mme de Vintimille était devenue pulmonique en suite de ses émotions, de ses afflictions et de ses insomnies; et sa maladie n'a pas duré moins de 16 à 18 mois. Quand à la Duchesse de Châteauroulx, plus difficile à défendre, et que je n'entreprendrai certainement pas de disculper, je vous dirai pourtant qu'il y avait dans cette femme-là de la Jeanne d'Arc; mais comme il y avait aussi de l'Agnès Sorel, et comme elle était ma filleule et notre parente, vous comprendrez la contrariété, l'ennui, le dégoût, le chagrin que j'en ai soufferts : vous concevrez la retenue que j'ai mise à vous parler d'elle, et vous approuverez certainement que je ne vous en reparle plus.

Ce n'est pas du tout Mme de Châteauroulx, et ce n'est pas non plus Mme de Flavacour, à qui l'avocat Linguet avait eu l'insolence et la brutalité d'appliquer une épithète injurieuse au milieu d'une église;

c'était leur sœur aînée, la Comtesse de Mailly, et ce ne fut pas à Saint-Roch, attendu que c'était à Saint-Sulpice, où prêchait l'Abbé de Radonvilliers. C'est une historiette que les colporteurs et collecteurs d'anecdotes ont complétement défigurée. J'étais dans cette église, assise au banc-d'œuvre, à côté de M. de Penthièvre, et voici précisément ce qui s'y passa.

Mme de Mailly venait d'arriver en grand équipage (parce que c'était une grande dame), mais très modestement vêtue d'un habit brun, sans rouge et sans poudre, et, qui plus est, sans dentelles, attendu qu'elle ne portait plus que de l'entoilage à bord plat. Comme, dans notre aimable et confiante patrie, les maîtres sont habituellement babillards et que les valets sont intelligens, ceux-ci ne manquent jamais d'écouter, et comprennent fort bien les choses que l'on dit devant eux, ce dont il résulte que les valets de Paris sont les personnes du monde qui connaissent le mieux la position sociale de leurs maîtres, et ce qui fait que les laquais des Mailly deviennent toujours des orgueilleux. Toute cette livrée de Nesle entreprit de forcer le passage, et ces turbulens animaux faisaient feu des quatre pieds afin d'écarter la foule et de faire arriver leur maîtresse au plus près de la chaire à prêcher. — Voilà, s'écria Maître Linguet en regardant ceci d'un œil encyclopédiste et jaloux, voilà bien du bruit dans une église à cause d'une C!.... Elle se retourna, belle et calme, en lui disant : — Ah! Monsieur, puisque vous la connaissez, ne l'insultez pas, ayez pitié d'elle, et priez Dieu pour elle ! Mme de Mailly vint s'agenouiller au-dessous de notre banc-d'œuvre. Je ne l'ai jamais vue plus doucement dévote et plus uniquement absorbée dans l'amertume et l'humilité de son repentir. Mon fils et tous les parens des Mailly, ses contemporains, pourront vous certifier que l'avocat Linguet en a reçu plus de coups de bâton qu'il n'avait de boutons sur la figure. Je n'ai vu ceci rapporté nulle part, et je pense bien que Linguet ne s'en sera pas vanté.

En vous parlant de la mère de l'Évêque d'Autun, M. de Talleyrand, qui était une punaise de cour, et qui truchait toujours dans les mansardes de Versailles, j'ai oublié de vous dire qu'elle allait jouer au piquet avec Mlle Jacob, première femme de chambre de la Comtesse de Mailly. A la vérité, c'était pendant la faveur de sa maîtresse auprès de Louis XV, et je ne sache pas que cette Mme de Talleyrand soit retournée faire la partie de Mlle Jacob après la conversion de Mme de Mailly.

CHAPITRE IX.

M. de Létorières, surnommé *le Charmant*. — Éducation de ce gentilhomme. — Générosité d'un cocher de fiacre et délicatesse de la femme d'un tailleur. — Les créanciers de M. de Létorières. — Ses succès judiciaires et autres. — Sa faveur auprès du Roi. — Sa faveur populaire. — Costume de M. de Létorières en 1772. — Sa tante Mlle d'Olbreuse et son mari le duc de Brunswick. — Dernière maladie de Louis XV. — Dévouement du marquis de Létorières et son aventure avec Mlle de Soissons. — Mort du Marquis dans un couvent de filles. — Préjugé relatif à la cause de sa mort. — Singulier mariage de Mlle de Soissons avec un prince étranger. — La tombe de Mme d'Egmont. — Le prieur de St.-René. — Pari téméraire. — Anathème oriental. — Jean-Jacques et M. Dupin. — Le rabot et le marteau. — Singulière mort d'un séminariste. — Réflexions sur les défis impertinens.

Les Grecs étaient si follement accessibles aux impressions visuelles, et tellement susceptibles d'enthousiasme pour la beauté du visage et celle des formes, des gestes et autres avantages extérieurs, que ceux de leurs magistrats qui formaient l'Aréopage étaient obligés d'écouter les plaidoyers des avocats athéniens dans une obscurité complète. C'était afin d'éviter qu'ils ne préjugeassent favorablement la cause d'un bel orateur, et pour les empêcher de concevoir des préventions défavorables à celle de son adversaire. On a souvent parlé de certains rapports entre les Athéniens et les Parisiens, et quoi qu'il en soit, on a vu de mon temps quelque chose de semblable à cet engouement grégeois pour la *pulchéritude,* comme dit notre Amyot ; ce que j'en vais rapporter pourra justifier ces prévisions et ces précautions du législateur attique.

Lancelot-Joseph le Provost du Vighan, Seigneur de Létorières et de Marsaille, était un gentilhomme xaintongeois qui n'avait que la cape et l'épée ; mais, comme il était ce qui s'appelle *charmant,* il eut bientôt les plus belles et les plus agréables choses de ce monde à sa disposition. Il avait trouvé que les classes étaient trop longues et que les récréations étaient trop courtes au collége du Plessis, où l'Abbé du Vighan, son oncle, l'avait fait recevoir gratis, et d'où il s'en alla sans en rien dire. Ainsi le voilà sur le pavé de Paris, la bride sur le col et se mussant dans un galetas. Quand il avait froid ou qu'il avait faim, il allait se promener pour se distraire ; et c'était le garçon le plus heureux du monde.

Ses amis la Poupelinière et Boulainvilliers racontaient souvent qu'un jour d'hiver il était descendu de chez lui par une pluie battante, et s'était réfugié sous une porte cochère. Un fiacre passe, et voilà le cocher qui s'arrête à le regarder.

— Mon maître, dit-il, voulez-vous que je passe de l'autre côté du ruisseau ? — Non pas, répondit le beau rhétoricien, assez tristement et pour cause.

— Si vous allez plus loin, je vous y mènerai ; dites-moi l'endroit où vous avez affaire. — Je voulais aller me promener dans les galeries du Palais-de-Justice, mais j'attendrai la fin de cette pluie.....

— Pourquoi c'est-il donc, Monsieur? — Je n'ai pas d'argent : laisse-moi tranquille. — Monsieur, répondit le cocher de fiacre en sautant de son siége et lui ouvrant la portière, il ne sera pas dit que j'aurai laissé s'ennuyer et s'enrhumer un joli seigneur comme **vous** faute de 24 sous : c'est mon droit chemin que de passer par-devant le Palais-Marchand, et je vous y vas descendre à l'image Saint-Pierre.

En ouvrant sa voiture à la porte de ce fameux traiteur, il ôta respectueusement son feutre, en priant le jouvenceau d'accepter un louis d'or. — Vous trouverez là des jeunes messieurs avec qui vous aurez peut-être envie de faire une petite partie. Le numéro de mon fiacre est 144, et vous me retrouverez et me rembourserez quand il vous plaira. Il a fini par devenir cocher de Madame Sophie de France, à la recommandation de son ancien obligé. C'était un fort honnête et digne homme appelé Sicard, et quand on lui parlait de son bon procédé pour M. de Létorières, il répondait que tout le monde en aurait fait autant que lui, parce que c'était, disait-il, un jeune Monsieur si charmant qu'on l'aurait pris pour un *bon Ange*.

Une autre fois, la femme de son tailleur avait fini par s'impatienter de ce qu'il leur devait quatre cents livres, et la voilà qui se met à chanter pouille à son mari sur la faiblesse de son caractère et pour sa complaisance à l'égard de M. *le charmant* (sobriquet **qu'on** lui donnait dans le ménage).

— Tu n'as jamais le courage de lui montrer les dents; mais je vas sortir pour aller toucher ce billet

de cent écus, et je vas monter chez lui pour y faire
un si beau train, que j'en rapporterai poil ou plume.
si charmant qu'il est, tu verras que je m'embarrasse
de lui comme de rien du tout ! On n'a qu'à me laisser
faire, et je lui rabattrai joliment ses coutures !...

Quand cette présomptueuse fut rentrée chez elle,
son mari lui demanda ce qu'elle avait reçu de M. *le
charmant*. — Laisse-moi donc tranquille ! Il était à
jouer de la guitare, et je l'ai trouvé si gentil que je
n'ai pas eu le courage de le tourmenter. — Et les
300 livres du billet ? dit le tailleur. — Mon bon
ami, répondit cette ménagère acariâtre avec un air
et du ton les plus doux, il faudra les ajouter sur ton
mémoire ; et ce sera 29 louis au lieu de 400 francs.
Il avait l'air si mélancolique et si je ne sais pas comment, que j'ai pris les cent écus dans mes poches et
je les ai laissés sur sa cheminée malgré lui !.

Aussitôt que M. de Létorières eut acquis ses vingt
et un ans, il apporta ses papiers de famille et preuves
de noblesse à M. Chérin, pour en tirer le certificat
nécessaire à sa présentation, et sitôt qu'il eut déposé ses parchemins sur l'Architable, il alla se promener dans les jardins de Versailles, où le Roi l'aperçut et le remarqua. Il y eut des courtisans qui
s'informèrent de ce beau jeune homme, et le Roi
dit à son Conseiller Chérin : — Qu'est-ce que c'est
que la famille d'un gentilhomme du Poitou qui
s'appelle M. de Létorières ? Le Conseiller répondit
qu'il aurait de la peine à monter dans les carrosses
du Roi, parce que ses preuves n'étaient pas tout-à-
fait..... — Il est *charmant !* répliqua ce bon Prince
en interrompant le généalogiste, et je permets qu'il

me soit présenté sous le titre de Vicomte. Chérin l'inscrivit pour un certificat *par ordre*, et M. le Vicomte de Létorières eut les honneurs de la cour.

Il eut quelque temps après des contestations judiciaires au Parlement de Bordeaux contre MM. de Pons : c'était pour un droit de leur principauté de Mortagne-sur-Gironde, et sa cause n'était pas soutenable; mais le Duc d'Orléans trouva moyen de faire évoquer l'affaire au Conseil des parties casuelles, et les Sires de Pons en ont perdu leur procès.

Toutes fois qu'il avait des appels au tribunal du point d'honneur, on était bien assuré d'avoir à lui faire des excuses et des réparations exorbitantes, ce qu'on attribuait principalement à la bonne grâce avec laquelle il avait sollicité Nosseigneurs les Maréchaux. Il a gagné tout autant de procès qu'il en avait entrepris contre les Ducs de Brunswick-Oëls et les Princes de Brandebourg-Bureuth au sujet des reprises de sa grand'tante et leur grand'mère d'Olbreuse; car il était proche parent de ces petits princes, M. de Létorières, et c'est une distinction qu'il avait en indivis avec presque tous les gentilshommes de la Xaintonge et du pays d'Aunis. Cette M*lle* d'Olbreuse était allée s'échouer sur la galère à Calvin, dans le pays d'Hanover, après la révocation de l'édit de Nantes; c'était une calviniste admirable, et je ne sais quel agnat de ce duché hanovrien ne sut trouver nulle autre chose à faire de mieux, pour l'indemniser, que de l'épouser (1). Son neveu Lé-

(1) Éléonore d'Esm*...*, fille d'Alexandre-Joseph d'Esmiers,

torières était donc allé magnétiser et fasciner tous les conseillers auliques de l'Empereur, dont il avait obtenu des sentences inimaginables et des choses inouïes. — C'est comme le serpent du paradis terrestre, avait dit M. de Beaumont (l'Archevêque), et s'il a jamais une affaire à l'Officialité de Paris, je le ferai masquer d'un capuce avec un sarreau comme un pétinent noir. Au demeurant, comme il était d'un honneur délicat, et qu'il avait de la discrétion, vous pourriez imaginer les succès qu'il obtenait dans

---

Écuyer, Seigneur d'Olbreuse au Comté de Poitou et de la Mégaudais en Saintonge, laquelle avait épousé Georges-Guillaume, Prince de Brunswyck à Zell, Calemberg et Grubenhagen ; ils ne laissèrent pas d'autre enfant que Sophie-Dorothée de Brunswyck-Zell, mariée premièrement à son oncle, le Duc Auguste de Brunswyck-Wolfembuttel, et en secondes noces à son cousin germain, le Roi d'Angleterre Georges Ier de Brunswyck, alors Prince Électoral d'Hanovre. Elle avait été séparée de lui par une sentence de divorce, en vertu de laquelle on l'avait claquemurée dans un château fort du pays de Brunswyck, où son mari l'a fait retenir en prison pendant 35 ans, c'est-à-dire jusqu'à la fin de sa vie. C'était à propos d'une supposition de galanterie avec un jeune Seigneur appelé M. de Kœnigsmarck, lequel avait été tué de la propre main de l'Électeur d'Hanovre, dans l'appartement de sa belle-fille. Elle n'était alors que dans sa quinzième année, et l'on n'a jamais cru qu'elle ait été accusée ni condamnée justement. Le Maréchal de Tessé, mon oncle, était convaincu de ce qu'on avait sacrifié cette malheureuse enfant à l'espoir de faire un mariage plus profitable. Mme sa mère (née d'Esmiers d'Olbreuse), avait fini par être créée Princesse de Harbourg-sur-l'Elbe, au moyen d'un diplôme de l'Empereur, qui lui fit payer ce carré de parchemin quatre cent mille livres. Elle est morte à Gœttingue en 1722, âgée de 83 ans. Il paraît qu'elle avait légué cinquante mille florins d'Empire à la mère de M. de Létorières, qui était sa sœur utérine. (*Note de l'Auteur.*)

un autre genre ; et vous aurez pu remarquer que je ne vous parle jamais galanteries qu'à mon corps défendant.

M. de Létorières avait fini par inspirer un sentiment de bienveillance et d'intérêt si général, que le public entrait quelquefois en fantaisie de l'applaudir quand il arrivait au spectacle, et c'est là ce qui s'est passé devant moi, le mardi saint de l'année 1772, au concert spirituel. Il était convalescent d'un beau coup d'épée qu'il avait reçu du Comte de Melun. Quand il s'entendit applaudir, il s'éleva dans sa loge, et s'avança pour regarder des deux côtés de la salle avec un air de surprise, et celui de ne pas supposer qu'on pût le traiter comme un prince du sang royal ou comme un comédien, ce qui fut trouvé d'un goût exquis, comme tout ce qu'il faisait. Il avait un habit moiré couleur de paille, avec des paremens en étoffe glacée d'or et de gros vert; l'aiguillette or et vert sur l'épaule, avec une agrafe d'émeraudes à son ruban de Steinkerque, et ses garnitures de grands et petits boutons en prime d'opale enrichis de brillans, comme aussi la monture assortie pour son épée : enfin, sa coiffure était à deux touffes de cheveux ondulés et poudrés de couleur écrue, qui lui tombaient légèrement et gracieusement sur l'encolure. Ses yeux, qui scintillaient dans *l'humide radical*, avaient mille fois plus d'éclat que ses joyaux : je fus obligée de convenir que je n'avais rien vu de plus *charmant*.

Écoutez maintenant la principale et dernière aventure de ce beau Létorières. Vous verrez dans quelques mémoires de son temps qu'il est mort de la petite vérole, et je commencerai par vous dire que cela n'est pas vrai.

Il y avait parmi les Princesses de famille étrangère établies à la cour de France, une jeune beauté, naïve et tendre au possible. Elle avait puisé dans les beaux yeux de M. de Létorières un sentiment passionné qui désespérait sa famille; et cette Princesse était Mademoiselle de Soissons, Victoire-Julie de Savoie-Carignan. On en avait dit mille choses fâcheuses, et la Maréchale de Soubise (qui était sa tante) avait obtenu qu'on l'obligeât d'habiter l'abbaye de Montmartre et de n'en pas sortir. Les meilleures formes et les plus respectueuses étaient observées à l'égard de la Princesse Julie qui n'en était pas moins prisonnière et gardée par un exempt de la prévôté de France. On soupçonnait des intelligences et du manége; on surprit un message; on découvrit une échelle de corde; enfin, le Baron d'Ugeon, gentilhomme des Rohan-Soubise écrivit à M. de Létorières, afin de l'appeler en combat singulier; mais la partie fut ajournée pour cause de la maladie de Louis XV, auprès de qui notre Galaor de Xaintonge avait obtenu d'aller s'établir et s'enfermer pour le soigner pendant sa petite vérole pourprée, ce qui fit révolter les gens de la cour, attendu qu'il n'avait jamais eu les entrées de la chambre. Le Roi mourut, et cet infirmier du Roi s'empressa d'aller ferrailler avec le champion de Savoye, qui lui fit deux blessures en un seul coup d'épée dans le côté droit. On pansa M. de Létorières; on ferma prudemment sa porte, et l'on publia qu'il avait pris la contagion pourprée; ce qui n'était ni vrai, ni difficile à persuader au public. Ses blessures étaient des plus graves, et ceci ne l'empêcha pas (après deux ou trois jours de pansement) d'aller escalader les murailles de l'abbaye de Montmartre, et d'y passer la nuit auprès de Mlle de Soissons, sous la grande arcade cintrée qui conduit du cloître au cimetière....

Il paraît que la jeune Princesse était prudemment rentrée chez elle avant le point du jour, et cette malheureuse enfant n'a jamais revu son bel ami Létorières... Ses plaies s'étaient rouvertes, et tout le sang qui lui restait s'écoula pendant la fin de la nuit; il ne voulut sûrement appeler aucune assistance..... Il expira sans témoins, sans nul secours, et, le lendemain matin, il fut trouvé mort, étendu raide mort sur les dalles du cloître !

C'était peut-être sur la pierre qui couvre la tombe de ma pauvre amie, Mme d'Egmont? ayant été élevée à l'abbaye de Montmartre, elle avait sollicité comme un bienfait d'être inhumée à côté de Mme de Vibraye, son amie d'enfance et dignitaire de cette maison ; c'était dans un lieu qui lui rappelait ses plus douces et ses plus joyeuses pensées de jeunesse. C'était sous ces mêmes voûtes et ces mêmes pavés qu'elle avait si souvent et si légèrement parcourus !
— Aujourd'hui, du plomb, des madriers, des cercles de fer, enchâssée dans une terre humide et compacte, et sous un quartier de roche..... Pauvre Septimanie.

On étouffa cette horrible affaire. On dit que ce cadavre était magnifique ! On l'enveloppa d'un suaire ; on le fit rapporter dans son lit, et l'on dit que M. de Létorières était mort de la petite vérole.

Si Mademoiselle de Soissons fut égarée par l'amour et l'inexpérience, ainsi qu'il y parut naturellement et malheureusement au bout de quelques mois, on dit aussi qu'elle avait eu l'espérance, et peut-être la promesse d'obtenir la permission du Roi pour épouser M. de Létorières qui venait d'être créé Marquis d'Olbreuse.

Elle a, ce me semble, épousé M. le Prince héréditaire d'Hilbourghausen ou de Cobourg?

Le Marquis de Létorières et d'Olbreuse était devenu Mestre-de-camp de cavalerie, Commandeur des Ordres-unis de Saint-Lazare et N.-D. du Mont-Carmel, Grand-Sénéchal d'Aunis, et de plus, Abbé Commandataire de la Trinité de Vendôme. Il avait fini par se trouver millionnaire, mais il avait laissé des dettes, et comme il n'était plus là pour gérer sa fortune et gagner ses procès, les gens d'affaires eurent soin d'arranger les choses de la manière la plus profitable pour eux, c'est-à-dire de manière à ce que ses créanciers ne fussent pas payés, et qu'il ne restât rien à ses parens. Trois procureurs se partagèrent son héritage, et l'un d'eux s'appelait Maître B...... du C........ : C'est la famille de ce dernier qui reluit aujourd'hui d'un si vif éclat!

M. de Létorières avait laissé quatorze neveux ou nièces, et Mlle de Soissons faisait continuellement solliciter pour eux par le Bailly de Solar, Ambassadeur de son cousin le Roi de Sardaigne, ce qui paraissait assez ridicule, et ce qui tenait peut-être à ce qu'elle n'avait pour tout bien qu'une pension de 56 mille livres sur la cassette du Roi. Son grand-père et sa grand'mère, qui voulaient absolument détourner le cours de l'Oise, avaient abîmé leur maison : pour aplanir des collines, exhausser des vallées et bâtir des aqueducs. Son père était justement dans la situation du fils de Gargamelle, « et « bien qu'il fût né grand prince, il était au monde « arrivé sans autre fortune à lui propre, qu'un « pauvre habit juste et froid, rien devant, rien « derrière, et les manches de même... »

La Princesse Julie me fit prier de m'intéresser à la Baronne de Framont, sœur aînée de M. de Létorières, et je me chargeai de son fils cadet qu'elle avait fait tonsurer (1). Je commençai par lui conférer un bénéfice à ma nomination, et c'était mon prieuré de Saint-René-les-Gastines, qui rapporte au moins deux cents louis, bon an mal an, sans compter la dîme et les droits de banalité féodale avec les autres produits éventuels. Il y avait eu des années où le revenu de ce prieuré seigneurial avait dépassé deux mille écus. C'était plus qu'il n'en fallait à l'Abbé de Framont pour étudier au séminaire de Xaintes ; mais l'Évêque du lieu m'en rendait bon compte, afin que je pusse en parler un jour ou l'autre, en sûreté de conscience, à M. Boyer, l'Évêque de Mirepoix, qui tenait la feuille des bé-

(1) Cette maison de Framont, qui est originaire du Forez ou du Gévaudan, s'est illustrée dans la marine. On a remarqué que depuis son alliance avec la sœur de M. de Létorières, elle en a gardé le privilége de la plus rare beauté, qu'elle a même celui de communiquer à toutes les familles dans lesquelles elle marie ses filles. C'est à leur alliance avec une demoiselle de Framont qu'on attribue la beauté des Montmorin, des La Tour-Maubourg et des Rochefort d'Ally. (*Note de l'Auteur.*)

néfices et qui décidait équitablement sur cette matière, assez souvent mal administrée jusqu'à lui. Il m'écrivit une fois (l'Évêque de Xaintes) que ce pauvre garçon venait de mourir de la façon la plus étrange et par gageure, en bravade, et pour avoir été défié d'aller, sans lumière, enfoncer un clou dans le cercueil d'un vieux théologien qu'on avait déposé dans une salle basse en attendant qu'on achevât ses funérailles. Quand il eut accepté ce joli cartel, où trois quarts de pistole avaient été mis à l'enjeu, ses amis l'introduisirent dans cette grande salle et l'y renfermèrent ; il tâtonne, il martelle, et quand il a terminé son bel ouvrage, il se sent arrêté, retenu fortement, et comme *empoigné* par un pan de sa légatine (on la trouva clouée sur la bière). *Mortuus vivum apprehendit !* Il se crut saisi par le mort, et, plus mort que vif, il en resta saisi d'un transport au cerveau, qui l'emporta deux jours après. C'était, du reste, un aimable enfant, lequel aurait eu beaucoup de ressemblance avec son oncle : ainsi, j'ai rendu grâces à Dieu de ce qu'il ne l'avait pas laisser vivre assez d'années pour courir les mêmes chances que M. *le Charmant*. — La beauté dans la pauvreté..... J'en ai toujours si grand'peur et si grand'pitié, que j'en suis toujours navrée ! Jugez de ce que la légèreté de caractère et la déraison de mon protégé m'auraient fait souffrir pendant sa jeunesse et dans sa profession ?

J.-J. Rousseau disait à M. Dupin de Chenonceaux, qui menuisait et cognait sans paix ni trève, au point d'en raboter et marteler quelquefois pendant la nuit. — Monsieur, la moralité de cette aventure est qu'il ne faut jamais enfoncer des clous quand on n'y voit pas.

La conclusion que je vous prie d'en tirer, mon cher ami, c'est qu'il faut toujours se moquer des sots qui nous proposent, à nous autres gens d'esprit, des gageures extravagantes; et puis, c'est qu'il ne faut jamais répondre à certains défis saugrenus, sinon pour interloquer et morigéner les impertinens qui vous les font! C'était la méthode de M. de Créquy, votre grand-père; il s'en est toujours bien trouvé, disait-il, ainsi je vous conseille de l'imiter.

Il est pourtant singulier que la fin prématurée de mon petit bénéficier n'ait pas été moins déraisonnable et moins lugubrement désastreuse que celle de ce bénéficier de Louis XV, Abbé de Vendôme! Elle était plus innocente, à la vérité; mais « Anathème et trois fois malheur! à celui qui se « joue des morts, qui bruit sur un cercueil et qui « trouble le repos du sépulcre, » a dit le concile œcuménique d'Éphèse; et ce n'est pas en vain peut-être?..... (1)

---

(1) Étant à Vendôme en 1791, avec un régiment qu'il commandait, Louis-Philippe d'Orléans, alors duc de Chartres, a fait ouvrir et fouiller tous les caveaux de l'église collégiale de Saint-Georges, où les anciens Comtes et Ducs de Vendôme étaient inhumés. Malgré les supplications et l'opposition du chapitre, il a fait briser la tombe et ouvrir les cercueils du Duc Antoine de Bourbon-Vendôme et de la Reine-Jeanne d'Albret, en disant agréablement à ses officiers qu'il voulait leur faire faire connaissance avec le père et la mère d'Henry IV. Aussitôt qu'il fut sorti de cette enceinte, profanée par les jurons blas-

phématoires et les quolibets crapuleux des ouvriers et des soldats, les chanoines et les autorités de la ville s'empressèrent de recouvrir tous ces ossemens des Bourbons, et tout le clergé du diocèse de Blois leur en fit amende honorable ; mais l'exemple avait été donné, et le premier acte de violation des tombeaux qui ait eu lieu pendant la révolution française, si féconde en profanations de cette nature, avait eu pour auteur un fils du Duc d'Orléans le régicide. En sortant de la sainte chapelle de Vendôme, il avait eu l'heureuse idée, la bonne fortune et la témérité généreuse d'aller sauver un soldat de son régiment qui s'était laissé tomber dans le Loir où il n'y avait pas, ce jour-là, plus de trois pieds d'eau. (Voyez les journaux du temps.)

FRAGMENT

DES MANUSCRITS DE CAGLIOSTRO.

LE PARADIS SUR LA TERRE.

« Le profond savoir et l'habitude des occupations sérieuses ne préservent pas toujours de la superstition, ni des illusions saugrenues et des préoccupations hétéroclites qui peuvent résulter de cette faiblesse de l'entendement humain. Un des plus savans Italiens qu'on ait connus dans les temps modernes est sans contredit le docteur Romati ; il a de l'honneur, il est d'un caractère élevé, et par-dessus toute chose, il est d'une véracité scrupuleuse. Je prie tous ses compatriotes et les miens de faire concorder tout cela, s'il est possible, avec le récit de son aventure auprès de Salerne, récit qu'il a fait à beaucoup de personnes dignes de foi, et dont j'ai pris note, sous sa dictée, pour ainsi dire. On y verra, si ce n'est une suite de faits merveilleux, au moins l'effet d'une illusion tout à fait inexplicable et d'une étrange préoccupation de l'esprit : il est à noter que le Docteur Romati n'a jamais varié sur aucuns détails de la même histoire et qu'il en a toujours parlé avec le même air et du même ton de résignation douloureuse, depuis qu'il est fixé à Naples. Voici donc le récit du Docteur, tel qu'il me l'a fait un jour au palais Spinelli, en présence de Don Mario Caraffa de Moliterno et de la Princesse de Belmonte-Pignatelli, née Spinelli, et sœur du Duc de ce nom ; ce que ces deux illustres personnes ne manqueraient certainement pas d'attester au besoin (1).

« Vous savez, nous dit-il, que je m'appelle Giulio Romati, et peut-être ne serez-vous pas fâché d'en savoir un peu plus long sur ma famille. Le signor Don Marco Romati della Romata, mon père, était sans contredit le plus célèbre jurisconsulte de Palerme et par conséquent de toute la Sicile. Il était fort attaché, comme vous pouvez croire, à une profession qui lui procurait un grand profit avec une existence honorable ; mais il n'en aimait pas moins l'étude de la philosophie à laquelle il consacrait tous les momens qu'il pouvait dérober à ses occupations judiciaires et ses écrits contentieux.

« Je puis dire sans me vanter, que j'ai marché sur

---

(1) La Princesse douairière de Belmonté, qui vivait encore en 1815, nous a confirmé cette citation de Cagliostro qui se faisait nommer alors le *Comte de Mélissa*.

(*Note de l'Éditeur.*)

les traces de mon père, car j'étais déjà docteur *in utroque* à l'âge de vingt ans, et m'étant ensuite appliqué à l'astronomie, j'y réussis assez bien pour réformer le système de Ticho-Brahé qui, du reste, avait grand besoin de réforme. Je ne vous dis pas ceci pour en tirer vanité, mais parce qu'ayant à vous entretenir d'une aventure surprenante, je ne voudrais pas que vous me prissiez pour un homme inhabile ou sottement crédule ; je suis si loin d'être superstitieux, que la magie, la cabale et l'astrologie, sont peut-être les seules sciences dont je n'ai pas voulu poursuivre l'étude. Quant aux diverses parties des autres sciences, soit dogmatiques, naturelles ou mathématiques, je m'y adonnais avec une ardeur infatigable, et la diversité dans mes travaux était la seule espèce de récréation que je voulusse goûter. Une application si continue avait fini par altérer ma santé, et mon père ne connaissant aucun autre genre de distraction qui pût m'être profitable, exigea de moi que j'allasse faire le tour de l'Europe et que je ne revinsse auprès de lui qu'au bout de quatre ans.

« J'eus beaucoup de peine à m'arracher à ma bibliothèque, à mon laboratoire et à mon observatoire, mais il fallut obéir, et je ne me fus pas plus tôt mis en route que je retrouvai des forces et de l'appétit. J'avais d'abord voyagé en litière, mais, dès la troisième journée, je montai sur une mule, et je m'en trouvai très-bien.

« Beaucoup de gens connaissent le monde entier, à l'exception de leur pays. Je ne voulus pas qu'on eût à me reprocher un pareil travers, et je commençai par visiter les merveilles que la nature a répandues dans notre île avec profusion. Au lieu de suivre la côte de Palerme à Messine, je passai par Castra-Nuovo, Colsonizese, et j'arrivai au pied de l'Etna à un village dont j'ai oublié le nom. Là je me préparai au voyage de la montagne et je me proposai d'y consacrer à peu près un mois. Pendant ce temps-là je fus occupé principalement de plusieurs expériences sur le baromètre et l'hygromètre. La nuit j'observais les astres, et j'eus la satisfaction de découvrir une petite étoile qui n'était pas visible à notre observatoire de Palerme, attendu qu'elle s'y trouvait au-dessous de l'horizon.

« Ce fut avec un véritable regret que je quittai ces hauts lieux, où je croyais en quelque sorte participer à l'harmonie des corps célestes dont j'avais si souvent observé la marche et médité les lois. Du reste il est certain que l'air subtil et raréfié des hautes régions agit sur nous d'une manière aussi agréable que salutaire, en rendant les pulsations plus fréquentes et le jeu des muscles pectoraux plus facile : enfin je quittai la montagne et je descendis du côté de Catane.

« Cette ville est habitée par une noblesse un peu moins illustre, mais beaucoup plus instruite que celle de Palerme. Ce n'est pas toutefois que les sciences proprement dites eussent beaucoup plus d'amateurs à Catane que dans le reste de notre île, mais du moins on s'y montrait occupé des arts et des antiquités qu'on obtenait au moyen des fouilles : en outre l'histoire des peuples anciens qui ont habité la Sicile y fournissait matière à dissertation, et c'était là, je vous assure, un passe-temps bien agréable pour moi. On venait précisément de découvrir, à la profondeur de cent vingt pieds sous terre, un morceau de basalte chargé de caractères inconnus. Après avoir examiné cette inscription, je jugeai qu'elle devait être en langue punique, et le chaldéen, que je ne sais pas mal, me mit à lieu de l'expliquer de manière à satisfaire les plus exigeans. C'est un succès qui m'attira les prévenances et les propositions les plus aimables ; les principaux citoyens de Catane essayèrent de m'y retenir par des offres et des assurances de fortune infiniment séduisantes. Mais j'avais quitté Palerme avec d'autres intentions, et je pris bientôt la route de Messine. Cette ville, fameuse par l'opulence de ses habitans, me retint une semaine entière, après laquelle je passai le détroit et j'abordai à Reggio.

« Jusque-là mon voyage n'avait été qu'une partie de plaisir, mais à Reggio l'entreprise devint plus sérieuse ; un fameux bandit, nommé Zambucco, désolait la Calabre, et la mer était couverte de pirates tripolitains. Je ne savais absolument comment faire pour arriver à Naples, et si je n'avais été retenu par je ne sais quelle mauvaise honte, j'aurais bien pu me retourner vers le *paterno nido*. Il y avait déjà huit jours que j'étais ainsi détenu à Reggio, lorsqu'un soir, après m'être assez long-temps promené sur le port, je m'assis sur un quartier de roche du côté de la plage où il y avait le moins de monde

« Là, je fus abordé par un homme de grande taille, enveloppé dans un manteau d'écarlate. Il s'assit à côté de moi, et me dit assez brusquement : « Le Docteur Romati est sans doute oc-
« cupé de quelque problème d'algèbre ou d'alti-
« métrie ? »

— Point du tout, lui répondis-je, le Docteur Romati voudrait aller à Naples, et le problème qui l'embarrasse est de savoir comment il pourrait échapper à la bande du seigneur Zambucco. L'inconnu prit alors un air sévère : « Seigneur Don Giulio, me
« dit-il, vos talens font déjà beaucoup d'honneur à
« votre patrie, et je ne doute pas que vous ne fassiez
« la gloire de la Sicile, lorsque les voyages que vous
« entreprenez auront encore étendu la sphère de vos
« connaissances : Zambucco est trop galant homme
« pour vouloir vous arrêter dans une si noble entre-
« prise ; prenez ces aigrettes rouges, mettez la plus
« grande à votre chapeau, faites porter les autres à
« vos gens, et partez avec sécurité. Quant à moi qui
« vous parle, je suis ce même Zambucco que vous
« craignez tant ; et pour que vous n'en doutiez pas,
« je vais vous faire voir les insignes de ma profes-
« sion. » — En même temps il entr'ouvrit son man-

teau et découvrit à mes yeux une ceinture de pistolets et de poignards ; ensuite il me serra la main très affectueusement et disparut.

« Le caractère connu de Zambucco me fit prendre une confiance entière aux assurances qu'il m'avait données. Je retournai sans inquiétude à mon auberge, et j'envoyai chercher des muletiers ; il s'en offrit plusieurs, car les bandits ne leur faisaient aucun mal, non plus qu'à leur animaux. Je choisis l'homme qui, parmi eux, jouissait de la meilleure réputation. Je pris une mule pour moi, une pour mon domestique, et deux pour porter mon bagage ; le muletier en chef avait de plus sa monture, et ses deux valets nous suivaient à pied.

« Je partis le lendemain dès le point du jour, et je ne fus pas plus tôt hors de la ville que j'aperçus des partis de la bande de Zambucco qui semblaient me suivre de loin, et qui se relayaient pour m'escorter. Vous jugez bien qu'il ne pouvait me rester aucune inquiétude.

« Je fis un voyage agréable, et ma santé se raffermissait de jour en jour. Je n'étais plus qu'à deux journées de Naples, lorsqu'il me prit envie de me détourner de mon chemin pour passer à Salerne. C'est une curiosité qui doit vous paraître assez naturelle, attendu que, pour tous les pays du monde, l'époque de la renaissance des arts est la plus intéressante de l'histoire ; on sait que l'école de Salerne avait été le berceau des sciences en Italie ; enfin, je ne sais quelle fatalité m'entraînait à faire cette malheureuse excursion !...

« Je quittai le grand chemin à Monte-Brugio, et, conduit par un villageois, je m'enfonçai dans un pays le plus sauvage que l'on puisse imaginer. Vers midi, nous arrivâmes à une masure toute ruinée que le guide m'assura devoir être une auberge ; je ne m'en serais pas douté à la réception de l'hôte, car, au lieu de m'offrir quelque nourriture, ou tout au moins quelques rafraîchissemens, il me supplia de lui faire part des provisions qu'il ne doutait pas que j'eusse apportées. J'avais effectivement quelques biscuits, des fruits secs et autre provende de carême que je partageai avec ce malencontreux aubergiste, ainsi qu'avec mon guide et mon valet.

« Je quittai ce mauvais gîte vers les deux heures après midi, et bientôt après j'aperçus sur le haut d'une montagne un vaste édifice dont je demandai le nom à mon guide, en m'informant s'il était habité. Il me répondit que dans le pays on appelait ce lieu *Lo Monte*, ou bien *Lo Castello*. Il ajouta qu'il était entièrement désert et ruiné, mais que dans l'intérieur on avait pratiqué une chapelle avec quelques cellules, où les Franciscains de Salerne entretenaient habituellement cinq ou six religieux. Il me dit ensuite : — « Il y a bien des choses à dire sur ce châ-
« teau, mais aussitôt qu'on commence à en parler,
« je m'enfuis de la cuisine et je m'en vais chez ma
« belle-sœur la Pepa, où je trouve toujours quelque

« père franciscain qui me donne son scapulaire à
« baiser. » Je demandai si nous passerions auprès du
château. Il me répondit que nous en passerions à une
portée de fusil.

« Sur ces entrefaites, le ciel se couvrit de nuages,
et vers le soir un orage affreux vint fondre sur nous.
Malheureusement nous nous trouvions alors sur un
revers de montagne qui n'offrait aucun abri : le
guide me dit qu'il connaissait une grotte où nous
pourrions nous mettre à couvert, mais que le chemin
pour y parvenir était très-difficile. Je m'y hasardai
néanmoins, mais à peine étions-nous engagés entre
les rochers, que le tonnerre tomba tout auprès de
nous ; ma mule s'abattit, et je roulai de la hauteur
de quelques toises ; j'eus le bonheur de pouvoir
m'accrocher à une branche d'érable, et lorsque je sentis que j'étais sauvé, j'appelai mes compagnons de
voyage, mais aucun d'eux ne répondit à ma voix.

« Les éclairs se succédaient avec tant de rapidité,
qu'à leur lumière je pus distinguer les objets qui
m'environnaient et changer de place avec assez de
sûreté. J'avançai en me tenant à des vignes sauvages, et j'arrivai à une caverne qui, n'aboutissant à
aucun sentier frayé, ne pouvait être celle où mon
guide avait eu l'intention de me conduire.

« Les averses, les coups de vent, les coups de tonnerre, se succédaient sans interruption ; je grelottais
sous mes habits mouillés et je restai deux ou trois
heures au moins dans une position si contrariante.

Tout à coup je crois entrevoir des flambeaux errans dans le fond de la vallée, j'entends des cris, je suppose que ce sont mes gens; j'appelle, on me répond, et bientôt après je vois arriver un jeune homme de fort bonne mine, lequel était suivi de plusieurs valets, dont les uns portaient des flambeaux et les autres des paquets qui semblaient contenir des habits.

Le jeune homme me salua respectueusement en me disant : — « Signor Dottore, nous appartenons à « l'Illustrissima Principessa di Monte-Salerno. Le « guide que vous avez pris à Monte-Brugio nous a « dit que vous étiez égaré dans les montagnes ; nous « vous cherchons par ordre de la Princesse. Prenez « ces vêtemens, je vous supplie, et suivez-nous au « château. »

— Comment cela? répondis-je, est-ce que vous voudriez me faire passer la nuit au milieu des décombres et sous les voûtes ruinées de ce grand château qui est sur le sommet de la montagne?...

— « Rassurez-vous, Docteur Romati, reprit le « jeune homme en souriant, vous allez voir un pa- « lais superbe.

» Je pensai que quelque princesse napolitaine avait apparemment son habitation dans le voisinage; je changeai d'habits et je suivis le guide qui m'était envoyé.

« Je me trouvai bientôt devant un portique de marbres variés, dont l'architecture me parut être dans le style du Bramante, mais comme les flam-

beaux n'éclairaient pas le reste de l'édifice, je ne saurais vous en faire aucune description. Le jeune homme me quitta au pied d'un escalier magnifique, et lorsque j'en eus monté la première rampe, j'y trouvai une jeune femme de la figure la plus remarquable. « Seigneur Romati, me dit-elle avec un air in-
« finiment poli, Madame la Princesse de Monte-
« Salerno m'a chargée de vous faire les honneurs de
« cette maison. »

« Je lui répondis que, si l'on pouvait juger d'une Princesse par sa Dame d'honneur, on devait avoir de cette illustrissime une idée prodigieusement agréable.

« Cette femme était en effet d'une beauté parfaite, il y avait dans ses manières et sa physionomie un certain mélange de simplicité, de grands airs naturels et de sécurité fière qui m'avaient fait augurer au premier abord que ce devait être la Princesse elle-même. Je remarquai qu'elle était à peu près vêtue comme dans les portraits du XVIème siècle, mais j'imaginai que c'était là le costume des dames napolitaines; un philosophe italien m'avait appris qu'en fait de costume, il n'y a jamais rien de nouveau que ce qui a été oublié, et j'en conclus que les élégantes de Naples avaient repris les anciennes modes.

« Nous traversâmes d'abord un vestibule qui me parut dans les proportions et de la décoration les plus grandioses; mais tout ce qu'il me fut loisible d'y remarquer, c'étaient des colonnes et des pilastres d'un seul jet en brocatelle jaune d'Espagne, avec de grands vases, des groupes de statues, des urnes et des torchères en bronze cantharide de la plus belle matière et dans le plus beau style de la renaissance. Aimant l'architecture et tous les arts linéaires avec passion, l'indifférence ou la précipitation de ma conductrice me fit éprouver une véritable contrariété (1).

« Chemin faisant, j'entrevis également une belle Salle du Dais, laquelle ouvrait sur le même vestibule au moyen d'une large et haute arcade cintrée, qui n'était fermée que par une barrière de ciselures dorées à hauteur d'appui. On y voyait, suivant l'usage, un trône de velours avec ses broderies, ses crépines et ses panaches ; une longue suite de portraits de famille, des armoiries sur des vitraux de couleurs, et des trophées d'armures avec des bannières et des pennons blasonnés. Il est reconnu qu'à cela près de quelque différence entre les émaux héraldiques ou les pièces du blazon, l'ajustement gothique et les dé-

(1) On peut être assuré qu'aucun des objets d'arts, de magnificence ou de curiosité, dont on va parler ici, ne sont en dehors de la vérité matérielle et de la réalité la plus notoire. Par exemple, la description de ce vestibule est parfaitement analogue à celui de Hamptoncourt, dont on sait que les marbres et les décorations métalliques avaient été transportés et rajustés dans le palais du feu roi d'Angleterre, à Carlton-House. Pour éviter toute suspicion d'imagination fantastique et de puérilité merveilleuse, il paraît que l'auteur avait eu soin d'indiquer sommairement chacune des *réalités* dont il a voulu réunir et pour ainsi dire encadrer les réminiscences. (*Note de l'Éditeur.*)

corations de ces sortes de chambres sont toujours les mêmes (1).

« Après avoir encore échangé quelques phrases de politesse et de bienveillance avec cette belle dame, elle m'introduisit dans une salle où tout était en argent massif. Le pavé s'y trouvait formé par de larges caissons octogones en argent, les uns guillochés, les autres brunis. Les parois simulaient une tapisserie de damas d'argent dont le fond eût été poli et les reliefs en argent mat. La voûte était sculptée en caissons argentés du même dessin que le pavé de la salle ; enfin les lustres d'argent, les brasières, les cassolettes et tous les autres meubles étaient du travail d'orfévrerie le plus riche et le plus soigné. L'uniformité du métal était agréablement tranchée par des exergues et des médaillons en malachitte verte d'Arménie, qui représentaient les personnages historiques les plus fameux que le territoire de Salerne avait produits (2).

— « Seigneur Romati, me dit la dame, vous vous arrêtez bien long-temps à considérer toute cette vaisselle, et ceci n'est qu'une antichambre où se tiennent les valets de pied, les suisses et les autres gens de livrée de Madame la Princesse. Je lui témoignai toute ma surprise et nous traversâmes encore une

---

(1) Salles du Dais de l'Electeur de Trèves ; du palais Colonna, à Rome, du palais d'Albe à Madrid, etc.

(2) Cette description s'applique à peu de chose près à la salle du Trésor de la banque, à l'hôtel-de-ville d'Amsterdam.

autre salle à peu près semblable à la première, si ce n'est qu'elle était *revêtie* toute en vermeil, avec des arabesques et des fleurons de ces ors nuancés de trois couleurs qui passent de mode et qui reviennent à la mode environ tous les cinquante ans. Il me semble avoir entrevu dans les reliefs d'encadrement, des oves, des rosaces, et des méandres taillés en prime d'améthiste, mais je ne veux rien vous affirmer lorsque je n'en suis pas certain (1).

Cette pièce, me dit la dame, est une première salle où restent le service d'honneur, le majordome, les pages, les gentilshommes et les premiers officiers de la maison. Vous ne verrez pas beaucoup d'or et d'argent dans les appartemens habités par la Princesse, et vous pourrez, ajouta-t-elle en souriant, juger de la pureté, de l'élégance et de la simplicité de son goût par le style et les ornemens de sa chambre à coucher.

En attendant la chambre à coucher, la belle dame avait ouvert une porte latérale, et je la suivis dans une autre pièce entièrement revêtie de jaspe-fleuri : c'était la salle à manger du palais. Aux deux tiers de sa hauteur, on voyait régner sur le pourtour un bas-relief du travail le plus fini, et dont la matière me parut être le marbre blanc pentélique. Cette même salle était décorée par des buffets magnifiques : ils étaient couverts de plateaux, d'aiguières et de larges bassins

---

(1) Oratoire de la Reine d'Espagne à l'Escurial.

dures où l'on voyait les armoiries de la ville de Florence. Les autres crédences étaient surchargées de vases et de coupes en agathe orientale, en aventurine, en cristal de roche, et tous ces précieux monumens du siècle des Médicis étaient richement sertis en orfévrerie vénitienne, ou garnis de ces admirables ciselures, émaillées par Benvenuto Cellini (1). Nous rentrâmes dans la salle des officiers, et de là nous parvînmes au salon de compagnie.

— « Par exemple, me dit la dame, il est permis de remarquer la beauté de cette chambre-ci ! »

— Mes regards étaient d'abord tombés sur le pavé de cette belle salle et je ne pouvais les en détacher. C'était un fond de lapis-lazuli incrusté de pierres fines en mosaïque de Florence, dont une seule table a toujours coûté plusieurs années de travail et plusieurs milliers de sequins d'or. Le dessin présentait une intention générale tout-à-fait régulière ; mais lorsqu'on en considérait les compartimens, on était surpris que la plus grande variété dans les détails ne fût pas nuisible à la parfaite symétrie de l'ensemble : on trouvait ici des gerbes de fleurs ; là c'étaient des coquillages ; plus loin des papillons ; ailleurs des colibris : enfin les matières les plus solides et les plus radieuses étaient employées à l'imitation de ce que la nature a produit de plus éblouissant. Je me souviens

---

(1) Palais ducal de Modène, trésor de Piombino, sacristie patriarcale de Venise, etc

qu'au centre de cette mosaïque, on croyait voir un écrin rempli de toutes les pierres précieuses appelées *pierres de couleur*, et garni de plusieurs fils de perles : le tout paraissait être en relief et réel ainsi que dans les plus belles tables du palais Pitti.

— Docteur Romati, me dit la dame, si vous vous arrêtez à toutes les cornalines et les tourmalines de ce pavé, nous n'en finirons jamais.

Mes yeux se portèrent alors sur un tableau qui représentait Hercule aux pieds d'Omphale. La figure de l'Hercule était assurément de Michel-Ange, et dans celle de la femme il était impossible de ne pas reconnaître le pinceau de Raphaël. Chacun des autres tableaux du même salon me sembla beaucoup plus remarquable et plus parfait que tous les chefs-d'œuvre que j'eusse le plus admiré jusque-là. La tapisserie de tenture était en velours mordoré, et sa couleur d'un pourpre sombre faisait ressortir les peintures avec autant d'éclat que d'agrément. Je me trouvai dans un état voisin de l'extase en considérant les statues antiques qui décoraient les angles de cette admirable salle. L'une était assurément, le célèbre Cupidon de Phidias, dont Pythagore avait conseillé la destruction ; une autre était le Faune du même artiste ; la troisième était la véritable Vénus de Praxitèle, dont celle de Médicis n'est qu'une copie ; enfin, la quatrième était cette figure de Ganimède, provenue des fouilles de Salerne, et qu'on voit à présent au palais Cesarini. Tout à l'entour du salon, j'aperçus des meubles de France en marqueterie de Boulle, mais, au lieu d'être montés en bronze, ils étaient garnis d'un beau travail des Indes en filigrane d'or, enrichi de camées antiques. Ces cabinets contenaient une suite de médailles en or du plus grand module; plusieurs caissons renfermaient une collection de pierres gravées, des bijoux romains, des joyaux du moyen-âge et des manuscrits gothiques de la plus haute curiosité. (1).

— C'est ici que la Princesse aime à passer ses soirées, reprit la Cicerona, et cette collection fournit une ample matière à des entretiens fort intéressans.

— « Voici la chambre à coucher de Madame la Princesse, ajouta-t-elle avec un air de simplicité qui n'était pas exempt d'affectation. »

La forme de cette chambre était octogone. Il s'y trouvait quatre alcoves avec autant de lits très larges. On n'y voyait ni lambris, ni plafond, et tout s'y trouvait élégamment recouvert et ajusté par des draperies de mousseline des Indes d'une telle finesse, qu'on aurait dit mythologiquement un léger brouillard que la main d'Arachné aurait voulu retenir dans une broderie.

— Pourquoi quatre lits? demandai-je à ma conductrice.

---

(1) Palais royal de Saxe, palais grand-ducal à Florence, de Stupinis en Piémont, de Caserte à Naples, de St.-Ildefonse en Espagne, etc.

— C'est apparemment, répondit-elle, afin d'en pouvoir changer lorsqu'ils se trouvent échauffés et qu'on n'y saurait dormir.

— Mais pourquoi ces lits sont-ils si larges ?.....

— C'est, répliqua négligemment la dame, parce que la Princesse y fait quelquefois entrer ses femmes pour causer avec elle, avant de s'endormir ; mais passons dans la salle de bain.

C'était une rotonde dont tous les panneaux étaient revêtis de nacre avec des bordures en burgau magellanique. La corniche et les moulures étaient formées de coquillages éclatans, entremêlés avec des branches de corail et des stalagmites aussi blanches que l'albâtre. La frise était marquée par une ceinture de madrépores, et c'étaient bien les plus striés, les mieux ramifiés, les plus ombelliformes, enfin les plus parfaits madrépores que j'eusse vus de ma vie. Il est à remarquer que cette même salle ne recevait la lumière du jour que par le milieu du plafond dont l'ouverture était remplie par une immense coupe de verre à travers laquelle on voyait manœuvrer des poissons dorés de la Chine. Enfin il y avait au centre de la salle, au lieu de baignoire, un bassin circulaire autour duquel on voyait rangées, sur un cercle de mousses de mer, les plus belles coquilles de l'Océan, des prismes d'aigue-marine, des mammellons d'ambre et des coraux sanguins ou panachés de toutes les variétés (1).

(1) Villa Connétable à Palestrine.

J'étais véritablement enchanté de Monte-Salerno, et je m'écriai : — Le Paradis n'est pas un plus beau séjour !

— Le Paradis !.... s'écria la Dame avec un air égaré ; — Il a dit le Paradis !.... Je vous prie de ne pas vous exprimer... Suivez moi, Docteur Romati... sortons d'ici ! suivez-moi !

Nous nous arrêtâmes enfin dans une volière en treillage doré, laquelle était remplie des plus jolis oiseaux du tropique et des plus aimables chanteurs de nos climats. On y marchait sur un tapis de gazon frais et fin, parsemé de violettes. Le faîte et le pourtour en étaient ombragés à l'extérieur par des touffes de pampre et des clématites fleuries ; et je crois me souvenir qu'on apercevait à l'extrémité de cette volière un mufle de lion (en bronze vert), qui laissait tomber une nappe d'eau très-limpide au milieu d'un bassin richement sculpté (1). Nous y trouvâmes une table servie avec la recherche la plus élégante, mais on n'y voyait qu'un seul couvert. (Je remarquai que la table était bien pourvue d'alimens prohibés en temps d'abstinence, mais je me promis bien de ne pas y toucher.) — Comment songe-t-on à manger dans un séjour aussi divin ? dis-je à ma belle conductrice. — Je ne saurais me résoudre à m'asseoir à cette table, à moins que vous n'ayez la bonté de m'entre-

---

(1) Serre-chaude de Chiswick, au duc de Devonshire, et volière de l'Hermitage à Pétersbourg.

tenir de l'heureuse et noble personne qui possède tant de merveilles.

— « Je vous dirai préliminairement, Monsieur Romati, me répondit la dame avec un air où je crus démêler un peu de suffisance et de vanité satisfaite : — Je vous dirai d'abord que les Princes de Monte-Salerno étaient issus des Souverains Comtes de Salerne. Le dernier titulaire était Grand d'Espagne à la création de Charles-Quint ; il était en outre Grand-Amiral, Grand-Voyer, Porte-glaive héréditaire et Gonfalonier royal de Sicile ; enfin, il réunissait dans sa personne à peu près tous les grands offices de la couronne de Naples, et, bien qu'il fût au service d'un autre prince, il avait une maison dont plusieurs officiers étaient titrés. Au nombre de ces derniers se trouvait le Marquis de Spinaverde, son capitaine des chasses ; on dit que celui-ci possédait toute la confiance de son maître, mais toutefois c'était en la partageant avec sa femme, la Marquise de Spinaverde, Dame d'Atours de la Princesse ; et de plus, avec un jeune échanson qui s'appelait Fabrice et que je n'ai jamais pu souffrir ? La fille unique du Prince avait à peu près dix ans lorsque sa mère mourut. A la même époque les Spinaverde quittèrent la maison de leur maître, le mari pour prendre la régie des fiefs, la femme pour diriger et surveiller l'éducation d'Elfrida. Ils avaient eu soin de laisser à Naples leur fille aînée, la Signora Laura ; il paraît qu'elle avait auprès du Prince une existence équivoque, et, quoiqu'il en fût, sa mère et la jeune Princesse vinrent demeurer à Monte-Salerno pour y procéder sans distractions à l'éducation de cette grande héritière. Il était prescrit à tous les vassaux du fief, ainsi qu'aux domestiques de la maison, de céder sans résistance à toutes mes volontés.

— A toutes vos volontés, Madame ?

— Ayez la bonté de ne pas m'interrompre, répliqua-t-elle avec un peu d'humeur.

« Je mettais la soumission de mes femmes à toutes sortes d'épreuves, en leur donnant des ordres contradictoires, dont elles ne pouvaient jamais exécuter que la moitié. Je les en punissais en les frappant, les égratignant, et leur enfonçant des épingles dans les bras ; elles finissaient par s'enfuir du château, et la Spinaverde m'en donnait d'autres qui m'abandonnaient successivement.

« Le prince de Monte-Salerno tomba malade et l'on me conduisit à Naples. Je le voyais peu, mais les Spinaverde ne le quittaient pas ; il mourut sans avoir eu le temps de songer à ses affaires de conscience ; mais, par son testament, il avait eu la précaution de désigner le Marquis pour mon tuteur et l'administrateur de tous mes biens.

« Les funérailles du Prince nous occupèrent pendant six semaines et nous retournâmes ensuite à Monte-Salerno, où je recommençai à battre, égratigner et pincer mes femmes de chambre. Quatre années s'écoulèrent avec assez de rapidité dans cette innocente occupation. La Spinaverde m'assurait continuellement que j'avais toujours raison, que tout le monde était fait pour m'obéir, et que ceux qui ne m'obéissaient pas assez vite ou assez bien, méritaient toute sorte de punitions.

« Un soir, il arriva que toutes mes femmes me quittèrent l'une après l'autre; je me vis sur le point d'être réduite à me déshabiller toute seule! et j'en pleurais de rage. — Chère et douce Princesse, essuyez vos beaux yeux, me dit ma gouvernante, je vous déshabillerai ce soir, et je vous amènerai demain cinq ou six femmes de chambre dont j'espère que vous serez plus satisfaite.

« Le lendemain à mon réveil, la Spinaverde me présenta six grandes personnes très-belles. Leur vue me causa je ne sais quelle émotion que je ne saurais vous expliquer. Leur physionomie courageuse, énergique et passionnée m'imposa d'abord une espèce de contrainte, mais je ne tardai pas à me familiariser avec elles. Je les embrassai les unes après les autres, et je leur promis bien qu'elles ne seraient jamais ni grondées ni battues. En effet, soit qu'elle fissent quelques gaucheries en me déshabillant, ou qu'elles osassent me désobéir, je n'avais pas le courage de m'en fâcher.

« — Mais, Madame, dis-je alors à la Princesse, ces grandes personnes étaient peut-être des garçons?

« La Princesse me répondit avec un on de dignité froide et tout-à-fait désintéressée : — Monsieur Romati, je vous avais prié de ne pas m'interrompre et vous auriez dû vous en souvenir.

« Après quelques instans de silence, elle reprit en minaudant avec un petit air de gaieté naïve et d'ingénuité folâtre : — J'étais à songer que le jour où j'atteignis seize ans, on était venu m'annoncer une visite assez extraordinaire pour une personne de mon âge. C'était le Vice-Roi des Deux-Siciles, avec l'Ambassadeur d'Espagne et le Comte-Duc de Guadarama. Celui-ci venait pour me demander en mariage, et les deux autres étaient là pour appuyer sa proposition. Le jeune Duc avait la meilleure mine que l'on puisse imaginer, et je ne saurais nier qu'il ne m'ait paru fort agréable.

« Vers le soir on proposa une promenade dans le parc ; à peine y fûmes-nous arrivés qu'un taureau furieux s'élança du milieu d'un bouquet d'arbres et vint fondre sur nous. Le Duc courut à sa rencontre, en agitant d'une main son manteau déployé, et tenant son épée dans l'autre ; le taureau s'élança sur lui, s'enferra par son épée, de lui-même, et tomba mort à mes pieds. Je me crus redevable de la vie à la valeur et la dextérité du jeune Espagnol ; mais le lendemain la Spinaverde m'assura que le même taureau avait été aposté tout exprès par un écuyer du Comte-Duc, et qu'il avait disposé tout cela pour me faire une galanterie à la mode de son pays ; je fus indignée de la supercherie qu'il m'avait faite, et je refusai sa main

« La Marquise de Spinaverde parut enchantée de ma résolution. Elle saisit cette occasion-là pour me faire connaître les avantages et les agrémens de l'indépendance, et je compris facilement tout ce que j'aurais à perdre en me donnant un maître.

« Quelque temps apres, le même Vice-Roi vint encore me voir, accompagné de l'ambassadeur impérial, ainsi que du Prince Régnant de Gorich et Crüghuiemworst. C'était un souverain dont les États sont imperceptibles sur les cartes de Germanie ; mais son contingent pour les armées de l'empire était pourtant d'un homme et un quart. Il était de sa personne, grand, gros et gras; blanc, blond et blafard. Il voulut m'entretenir des Seigneuries Immédiates et des Majorats qu'il possédait dans les états héréditaires d'Autriche ; mais en parlant Italien, il avait l'accent du Tyrol; et tout en le contrefaisant, je l'assurai que son absence devait être un sujet d'inquiétude et d'affliction pour tous les féaux sujets qu'il avait en Carynthie ! Il s'en alla fort en colère : la Spinaverde m'accabla de caresses et de félicitations ; enfin, pour me retenir plus facilement à Monte-Salerno, elle a fait dégarnir mon palais de Naples et fait ajuster ici les belles choses que vous y voyez.

— Oh ! m'écriai-je, elle a parfaitement réussi, Madame, et ce beau lieu doit être appelé le Pardis sur la terre !

» r cette fois, la Princesse se leva brusquement

de son siége en me disant : — Romati, je vous avais ordonné de ne pas vous servir d'une expression qui m'est insupportable ! — Ensuite elle se mit à rire avec une immodération convulsive, en répétant : — Le Paradis !..... C'est bien le cas de parler du Paradis ! Il a sujet de parler du Paradis !..... tu t'en souviendras du Paradis !... Cette scène devenait pénible et j'en éprouvai beaucoup d'embarras !

« Aussitôt que cette étrange princesse eut repris son sérieux, elle me fit signe de la suivre. Elle ouvrit avec assez d'efforts et quelques mouvemens d'impatience une porte massive, et nous entrâmes alors dans une espèce de galerie voûtée, où mes yeux furent éblouis du plus merveilleux spectacle. Imaginez que, non loin de cette porte, et soit dit en passant, sur des socles de bresche universelle, il y avait deux paons d'or émaillé faisant la roue, dont les aigrettes étaient des gerbes très-légères et très-déliées en brillans jaunes, et dont les queues étalées étaient couvertes de pierreries assorties au plumage de ces animaux. Il était à supposer, d'après la description d'Ange Politien, que c'étaient les deux paons de Généraliffe, et j'en conclus qu'après la mort du Duc Alphonse de Grenade, ils étaient passés dans la collection des Princes de Monte-Salerno. Quoiqu'il en fût de ces deux chefs-d'œuvre lapidaires et de leurs premiers possesseurs, toujours est-il que les yeux de ces brillantes images étaient des rubis de Golconde. (Soyez persuadés que s'ils n'avaient été que des rubis de Visapour, je ne m'y serais pas trompé.... Mais poursuivons la fin de cette relation.)

« Des oiseaux d'Amerique en prime d'opalé, avec des perroquets dont le plumage était formé par des lames d'émeraudes, étaient placés sur des branches d'arbustes en or massif. De belles figures d'esclaves en jaspe noir étaient ajustées avec des colliers de perles rondes et des girandoles de pendeloques du plus bel orient : ils nous présentaient des plats d'or où l'on voyait des bouquets et des épis de diamans, des touffes de cerises en grenats suriens, des mirabelles de topaze, et finalement des raisins sculptés en bloc d'améthiste de la plus vieille roche. Dans plusieurs vasques de porphyre et de larges coupes en bresche d'Afrique, on voyait amoncelées des pièces d'or monnoyé de tous les siècles et de tous les pays, et principalement des quadruples d'Espagne au coin du Roi Philippe III. Enfin, mille autres curiosités prodigieuses avaient été réunies dans ce nouvel Elo-Hélim, et j'étais passé de la surprise à l'état de stupéfaction. »

Ici, le Docteur Romati fut interrompu par un voyageur Castillan, qui se trouvait en visite au palais Spinelli, et qui lui demanda fièrement et sèchement : — Si c'est qu'il n'était jamais entré dans les trésors de l'Escurial?

— Jamais, répondit modestement le Docteur, mais j'avais lu plusieurs fois la Régola sagristica du vatican, l'ancien Mémorial du Louvre, la description de la *Voûte-Verte* à Dresde, et je ne suis pas l'ignorant compositeur d'un conte arabe. On dirait, Seigneur Cavalier, que vous avez l'intention de me reprocher mon étonnement? Si vous vous contentiez d'objecter que, parmi les archéologues et les voyageurs amis des arts, il n'en est pas un qui n'ait vu des choses pareilles à toutes celles que je vous ai citées, j'en conviendrais sans la moindre hésitation ; mais considérez, s'il vous plaît, poursuivit le Docteur avec un air de probité scientifique, considérez, s'il vous plaît, Seigneur Cavalier, que des raretés aussi splendides, et des joyaux d'une aussi grande somptuosité ne se rencontrent jamais qu'isolément et comme par échantillon, dans les musées, les sacristies pontificales et les appartemens royaux : aussi vous puis-je assurer que ma surprise et mes exclamations ont porté, non pas sur l'existence ou la magnificence de ces objets, mais uniquement sur le choix, l'ordonnance et la réunion d'un si grand nombre de curiosités dont je n'avais jamais vu le catalogue, et dont je n'avais pas même entendu citer la collection.

Après une digression si bien à sa place et si nécessaire à la justification du jeune savant, Romati poursuivit ainsi le fil de sa narration.

« La charmante Elfrida fut alors s'asseoir sur une pile de coussins de brocard où elle me fit prendre place à côté d'elle. Après m'avoir parlé pendant quelque temps avec une affabilité surprenante, elle en vint à me regarder avec des yeux si passionnés et à me dire des choses tellement flatteuses sur la beauté de ma taille et la fraîcheur de mon teint, que je lui supposai naturellement quelque projet de malveillance ou tout au moins d'ironie à mon égard ; mais je ne tardai pas à m'apercevoir qu'elle avait encore une autre intention que celle de me persifler, car elle se permit envers moi des familiarités singulières !.... Nous étions si rapprochés que ma poitrine touchait la sienne, et il n'aurait tenu qu'à moi que son visage restât collé sur le mien !... Quoiqu'elle eût les dents parfaitement blanches, je m'aperçus qu'elle avait les gencives et la langue absolument noires, et j'en éprouvai je ne sais quelle inquiétude mystérieuse et quelle indisposition dont elle ne put jamais triompher. Il ne faut pas oublier que nous étions dans la nuit du jeudi saint au vendredi......

« Il m'avait pris fantaisie de répéter encore une fois le mot Paradis, pour voir l'effet qu'il allait produire sur cette extraordinaire personne ; j'eus le malheur de céder à cette curiosité funeste, et vous allez voir que je ne tardai pas à m'en repentir.

— « Madame, excusez-moi, lui dis-je avec un ton d'exaltation résolue, excusez-moi si je vous soutiens encore une fois que vous m'avez montré les cieux ouverts et le Paradis sur la terre !....

« La Princesse me sourit alors avec un air de douceur et de bienveillance inattendue. — Pour vous mettre à lieu de connaître et d'apprécier tous les agrémens de Monte-Salerno, répliqua-t-elle, je vais vous faire faire connaissance avec les grandes et belles personnes dont je vous ai parlé.

« En disant ces mots, elle avait pris une clé qui se trouvait à sa portée, et elle fut ouvrir un grand coffre couvert de velours noir et serré par des agrafes d'argent; mais à peine eut-elle soulevé le couvercle, qu'il en sortit un squelette énorme, et qu'il s'élança vers moi d'un air provocateur. Quoiqu'il eût franchi d'un saut l'espace qui nous séparait, j'avais eu le temps de tirer mon épée; mais le squelette, s'arrachant à lui-même son bras gauche, s'en escrima comme d'une espèce de fléau et m'assaillit avec une fureur inconcevable. Je vous puis assurer que je me défendais à coups de pommeau d'épée, de manière à lui démonter la carcasse et lui rompre les os! Mais voilà qu'un autre squelette arriva précipitamment, arracha une côte à son camarade et m'en donna de grands coups sur la tête! un troisième était sorti du coffre avec un air de précaution perfide; il était venu m'entourer de ses bras décharnés et m'étreignait de manière à me faire rendre l'âme. Il me fit à la joue droite une morsure abominable, et vous ne sauriez vous figurer combien il est contrariant de se voir mordre et de se sentir mordu par une tête de mort!........ Je l'avais pris à la gorge, en m'accrochant à ses vertèbres et me soulevant par saccades avec l'intention de le décapiter! Il était le plus grand, le plus fort, le plus traître, et c'est celui qui m'a causé le plus d'embarras ! Enfin, m'apercevant que les trois derniers squelettes accouraient pour se mettre de la partie, et ne pouvant espérer sortir avec honneur de cette lutte ostéologique, je me retournai du côté de cette méchante femme et je lui criai : — MISÉRICORDE ! AU NOM DE DIEU !

« Elle fit signe aux squelettes de lâcher prise, ensuite elle me dit d'un air expressif : — Allez ! et souvenez-vous toute votre vie de ce que vous avez vu cette nuit ! en même temps elle me saisit par le bras gauche, où je sentis une douleur cuisante, et je m'évanouis.

« Je ne saurais vous dire au juste combien de temps je restai sans connaissance. Lorsque je revins à moi, j'entendis psalmodier ; je vis autour de moi de vastes ruines ; j'arrivai dans une espèce de cloître au milieu duquel était un cimetière, et finalement je parvins à une chapelle, où je trouvai des moines observantins qui récitaient le petit office de St.-François. Aussitôt que les heures canoniales de laudes et de prime furent terminées, le Supérieur me proposa d'entrer dans sa cellule, et tâchant de recueillir mes esprits, je lui racontai ce qui m'était arrivé pendant la nuit; le religieux regarda ma blessure au visage et me demanda si je ne portais pas aussi quelque stygmate à la partie du bras que le fantôme avait saisie ? Je relevai ma manche, et je vis en effet que mon bras paraissait avoir été brûlé et qu'il portait la marque des cinq doigts de l'affreuse Princesse.

« Le supérieur ouvrit alors une casette en forme de reliquaire ; il y prit un parchemin scellé d'une large bulle d'argent : — Voici, me dit-il, la décrétale de notre fondation, dont vous pouvez prendre lecture : elle suffira pour vous éclairer sur tout ce que vous avez éprouvé pendant cette nuit. Je déroulai cette charte pontificale et j'y trouvai ce qui va suivre :

« A la profonde affliction des anges et de notre
« cœur paternel, il était notoire à nous, ainsi qu'à
« nos vénérables frères les Cardinaux de la Sainte
« Eglise Romaine, que, par un esprit d'orgueil et
« d'aveuglement inspiré de l'enfer, Elfrida Cesarini
« de Monte-Salerno s'était vantée d'avoir ici-bas la
« jouissance et la possession du PARADIS, en décla-
« rant avec des paroles de blasphème et d'horribles
« outrages envers les saluts, qu'elle reniait, déniait
« et voulait renoncer à la participation du véritable
« PARADIS, comme il nous est promis dans la vie
« éternelle. Toutefois, à l'éternelle confusion de
« l'esprit du mal, dans la nuit du jeudi saint au
« vendredi, l'année du salut, M. VC. III, induction
« IX, et de notre pontificat la sixième, un tremble-
« ment de terre abîma son palais, où cette malheu-
« reuse est ensevelie sous les ruines, avec les fau-
« teurs de ses débauches et les complices de son im-
« piété. Ayant été prévenus par nos chers fils les
« Archiprêtre et Archidiacre de l'Eglise cathédrale
« de Salerne (*le siège vacant*) que l'emplacement

« de cette demeure était devenu le séjour de Satan,
« où les malins esprits osent obséder par de lamen-
« tables fascinations, non-seulement les voyageurs
« étrangers qui visitent les restes dudit palais, mais
« encore les fidèles chrétiens, habitans dudit lieu
« de Monte-Salerno, Nous, ALEXANDRE VI, Serviteur
« des Serviteurs de Dieu, etc., déclarons autoriser
« la fondation d'un prieuré dans l'enceinte de ces
« mêmes ruines, ayant accordé la présente à Rome,
« en notre château pontifical de Saint-Ange, et
« l'ayant fait sceller de l'anneau du Pêcheur... »
Je ne me souviens plus du reste de la bulle.

« Le Supérieur m'apprit que les obsessions étaient devenues moins fréquentes, mais il me dit qu'elles se renouvelaient assez ordinairement dans la nuit du jeudi au vendredi saint. Il me conseilla de faire dire une messe *pro defunctis* et d'y assister avec recueillement ; je suivis son conseil, et je partis bientôt pour continuer mon voyage. Je n'ai jamais eu peur ni des revenans ni des squelettes : je ne suis plus en butte à leurs mystifications, mais tout ce que j'ai vu et éprouvé pendant cette nuit de Monte-Salerno m'a laissé je ne sais quelle inquiétude et quelle impression de contrariété qui ne saurait s'effacer. En disant ceci, Romati releva sa manche et nous fit voir son bras, où l'on distinguait effectivement la forme des doigts de la Princesse avec des marques de brûlure.

« L'histoire de Giulio Romati avait fait la plus vive impression sur moi. Lorsque nous fûmes couchés, la chambre ne resta éclairée que par une lampe dont la lumière était très faible. Je n'osais regarder dans les endroits les plus sombres de cette grande chambre, et surtout du côté d'un certain coffre où l'hôte avait sa provision d'orge. Il me semblait à chaque instant que j'allais en voir sortir les abominables femmes de chambre... Je m'enfonçai sous les couvertures pour ne rien voir, et je finis par m'endormir avec une sécurité qui tenait sûrement à mon ignorance au sujet de la *fascino-visio*.

« Suivant les plus doctes et les plus expérimentés en cette matière, on n'en voit pas moins les revenans, quoiqu'on ait eu soin de fermer les yeux; il est assez connu que la paralysie sur la langue et la surdité du Cardinal Cibo n'ont pas été considérées comme un empêchement à ses révélations, non plus qu'à ses entretiens avec les patriarches; et le savant Don Calmet nous a fait observer très-judicieusement que les personnes les plus sujettes aux révélations et aux apparitions sont particulièrement les sourds et les aveugles. »

FIN DU QUATRIÈME VOLUME.

TABLE

DES MATIÈRES CONTENUES DANS CE QUATRIÈME VOLUME.

Pages

CHAPITRE I. M. de Morfontaine et la Rosière de Saint-Médard. — Le financier du Clusel. — La Duchesse de Mazarin. — Son portrait. — Une fête champêtre. — Une cascade au petit-lait. — Invasion de bestiaux dans une salle de bal. — Admonition d'un intendant à une vache. — La reine Mari-Joséphine, alors Comtesse de Provence. — Gaieté de cette princesse en voyant cette scène. — La Comtesse de Créquy. — La famille Lejeune de la Furjonnière. — M. Chérin. — Détails sur les preuves de Noblesse. — Procès généalogique. — La Marquise de Lhospital. — L'avocat, aujourd'hui Comte Siméon. — Procès des Mailly de Nesle contre les Mailly d'Haucourt. — La principauté d'Orange. — Fausse prétention des comtes de Nassau sur ce domaine. — Vers inédits de Boileau. — Procès pour une Ancolie, etc. 1

CHAP. II. Naissance d'un Duc de Berry. — Présages funestes. — Damien, son supplice. — Attendrissement de Louis XV. — Les Maréchales de la Tour-Maubourg et de Balincourt. — Prodige de ressemblance entre elles. — Étrange requête de la ville d'Amiens. — Nom d'Artois donné au frère du Duc de Berry. — Motif de cette concession. — M. et Mme Geoffrin. — Les Comtes Poniatowski. — Le poète Danchet et Mathieu Molé. — Lecture de la gazette par M. Geoffrin. — Singulière explication donnée par sa femme. — Naufrage d'un missionnaire dans un bassin des Tuileries. — Quiproquo de M. Geoffrin. — Election vénale et scandaleuse d'un roi de Pologne. — Voyage de Mme Geoffrin à Varsovie. — Le Comte de Turpin. — Mme du Boccage et la demoiselle Camargot. — L'abbé Prévôt, son portrait et sa fin tragique. 59

CHAP. III. Voltaire. - Origine de sa fortune. — Son envie d'être Marquis de Ferney. — Lettre de Voltaire à Mme de Créquy. — Réponse de l'auteur. — Placet de Voltaire afin d'obtenir le cordon noir ou la Croix de Saint-Lazare. — Le jeune Duc du Châtelet. — Visite à Ferney. — Lettre du Marquis de Créquy à sa mère. — Mme de Blot à Ferney. — Anecdote contée par Voltaire et rapportée par M. de Créquy. — Provocation philosophique à des Genevoises.   60

CHAP. IV. De l'athéisme. — De la superstition chez les incrédules. — De la secte Balsamite. — Le diable aux carrières Montmartre. — Les Ducs de Chartres, de Fronsac et de Lauzun. — Leur aventure dans une caverne. — Accident qui survient au Duc de Chartres. — Bulletin de la santé du prince. — La Comtesse Agnès de Buffon. — Conjuration magique chez le Duc de Chartres. — Consécration sacrilége d'un crapaud. — Le diable au Palais-Royal. — Portrait de Satan. — Stigmates de la foudre. — Révélation funeste. — Le Comte de Cagliostro. — Ses mémoires. — Histoire du Grand-Prieur de Majorque. — Curieux détails sur l'île de Malte aux temps des chevaliers. — Le meurtre. — Le revenant. — La punition. — La pénitence. — La Duchesse de Gèvres. — Le trésor du Plessix. — Les têtes de mort angevines. — La manie des trésors. — Le Comte de Baschy. — Les Beaufort-Turenne. — Le château de Chenonceaux. — Le Marquis de Brunoy. — Mot de Louis XVIII au Duc de Wellington. — Le Comte de Caylus. — Les Balsamites. — Assemblée nocturne. - Vision sacrilége. — Mort de M. de Caylus. - Prévision qu'il en avait eue. — Propos sinistre. — Soupçons sur la cause de cet événement.   75

CHAP. V. Cagliostro. — Son portrait. — Sa naissance. — Sa fuite de Paris. — Son retour en France. — Lettre du Cardinal de Rohan, Évêque de Strasbourg. — Réponse de l'auteur. — Croyances des Balsamites ou sectateurs de Cagliostro. — La pupille et la colombe. — Acte magique en prison. — Le général Alexandre Beauharnais sur l'échafaud. — Opinion du cardinal de Bernis sur les protestans *réfugiés*. — Les Templiers et les francs-maçons. — Origine de la maçonnerie. — Son influence sur la révolution française. — Procès de Cagliostro. — Sa condamnation. — Sa mort. — M. Fabré-Palaprat et sa charte

TABLE DES MATIERES.

de *Transmission*. — Léviticon de M. Palaprat. — Origine de ce livre. 109

CHAP. VI. Le Maréchal de Richelieu veut se marier en troisièmes noces. — Digression sur la cuisine moderne. — Réprobation du Maréchal pour les *ragoûts-mêlés*. — Découverte du vin de Bordeaux, grâce au Maréchal de Richelieu. — Sollicitude gastronomique du Duc de Nivernais. — Un dîner du Maréchal de Richelieu pendant la guerre de Hanovre. — Menu de ce dîner publié dans les *Nouvelles à la main*. — M. de la Reynière et son fils. — Régime et sobriété de l'auteur. — Mariage du Maréchal de Richelieu, âgé de 84 ans. — Grossesse de la Maréchale. — Le Duc de Fronsac à Versailles. — Le Maréchal à son lit de mort. — Visite que lui fit l'auteur. — Dévotion du Maréchal de Richelieu pour sainte Geneviève. — Commission dont il charge M™ de Créquy. — Vestris le père à l'hôtel de Richelieu. — Motif de ses assiduités. — Leçon donnée par le vieux Vestris au prince de Lamarck. — Mort du Duc d'Orléans. — Les princes du sang font défendre à M™ de Montesson de porter le grand deuil, etc. 126

CHAP. VII. Jean-Jacques Rousseau. — Thérèse Levasseur. — Les quatre poulardes et le secret. — Le Cardinal Giraud ou Girao, filleul de l'auteur. — Sa fortune ecclésiastique. — Soupçons contre la loyauté de sa conduite envers le Saint-Siège. — Son ministère et sa mort subite. — Le testateur inconnu. — Voyage de Pie VI en Autriche. — Retour du Saint-Père. — Conduite inexplicable et bénédiction silencieuse. — Disparition d'un cadavre à l'hôpital du Saint-Esprit. — Sédition populaire à cette occasion. — Testament du Cardinal Girao. — Ses neveux. — Les neveux de Gabrielle d'Estrées. — Prodigalité du Comte de la Bourdaisière. — Le Chevalier de Créquy. — Application de Rabelais par M™ de Louvois. — Le Cardinal de Belloy, alors évêque de Marseille. — Un legs du Cardinal Girao pour ses neveux. — Étrange découverte. — Fondation de M™ de Créquy pour la rédemption de son filleul. 143

CHAP. VIII. M. le Dauphin. — Son portrait. — Le Duc et la Duchesse de Gramont. — Le château de Meethy. Apparition nocturne. — Le vieux Louvigny. — La Maréchale de Lautrec et le Comte de Guiche. — Anecdote sur le chevalier de Gramont et le grand Condé. — Mort du Dauphin. — Comment Louis XV annonce cette mort à la veuve de son fils. — Comment la Dauphine Marie-Antoinette annonce à son mari la mort de Louis XV. — Le Maréchal du Muy. — Sa mort et l'inscription de sa tombe. — Enfance de Louis XVI, et conversation de ce prince avec ses jeunes frères. — Le Duc de Berry, le Comte de Provence et le Comte d'Artois. — Le Duc de Chartres chez les enfans de France. — Mots du Comte d'Artois. — Mesdames de Mailly, de Vintimille et de Châteauroulx. — Insolence de Linguet et sa correction. — M de Talleyrand, mère de l'Évêque d'Autun. — Ses parties de piquet avec les caméristes de Versailles, etc. 158

CHAP. IX. M. de Létorières, surnommé *le Charmant*. — Education de ce gentilhomme. — Générosité d'un cocher de fiacre et délicatesse de la femme d'un tailleur. — Les créanciers de M. de Létorières. — Ses succès judiciaires et autres. — Sa faveur auprès du Roi. — Sa faveur populaire. — Costume de M. de Létorières en 1772. — Sa tante Mlle d'Olbreuse et son mari le duc de Brunswick. — Dernière maladie de Louis XV. — Dévouement du marquis de Létorières et son aventure avec Mlle de Soissons. — Mort du Marquis dans un couvent de filles. — Préjugé relatif à la cause de sa mort. — Singulier mariage de Mlle de Soissons avec un prince étranger. — La tombe de Mme d'Egmont. — Le prieur de St.-René. — Pari téméraire. — Anathème oriental. — Jean-Jacques et M. Dupin. — Le rabot et le marteau. — Singulière mort d'un séminariste. — Réflexions sur les défis impertinens. 176

FRAGMENS DES MANUSCRITS DE CAGLIOSTRO. — Le Paradis sur la terre. 190

FIN DE LA TABLE DU TOME QUATRIÈME.

www.ingramcontent.com/pod-product-compliance
Lightning Source LLC
Chambersburg PA
CBHW051905160426
43198CB00012B/1759